Querida América

Querida América

NOTAS DE UN CIUDADANO
INDOCUMENTADO

Jose Antonio Vargas

Traducido por Gabriel Pasquini

HarperCollins *Español*

QUERIDA AMÉRICA. Copyright © 2018 by Undocumented
LLC. Copyright de la traducción al español © 2019
by Gabriel Pasquini. Todos los derechos reservados.
Ninguna porción de este libro podrá ser reproducida,
almacenada en ningún sistema de recuperación,
o transmitida en cualquier forma o por cualquier
medio —mecánico, fotocopia, grabación u otro—,
excepto por citas breves en revistas impresas, sin la
autorización previa por escrito de la editorial.

La edición original en inglés, titulada *Dear
America*, se publicó en Dey Street, 2018.

PRIMERA EDICIÓN

Se han solicitado los registros de catalogación en publicación
de la Biblioteca del Congreso de los Estados Unidos.

978-0-06-293164-1 (hardcover)
978-0-06-293165-8 (paperback)

19   20   21   22   23   LSC   10   9   8   7   6   5   4   3   2   1

A Mamá en las Filipinas, y a todos los
americanos que me han hecho sentir
en casa en los Estados Unidos.

A la población migrante del mundo:
258 millones, y sigue la cuenta.

América no es la tierra de una sola raza
o clase de hombres... América no está
limitada por latitudes geográficas...
América está en el corazón...

—CARLOS BULOSAN

Contenidos

Prólogo

No sé dónde estaré cuando lean este libro.

Mientras lo escribo, una pila de documentos arrugados yace sobre mi escritorio, diez páginas en total, expedidos por el Departamento de Seguridad Nacional (*Department of Homeland Security*). "Orden de arresto para un extranjero", se lee en la esquina superior derecha de la primera página.

Son los primeros documentos estadounidenses legales que he tenido en mi vida —la primera vez que funcionarios de inmigración reconocen mi presencia, después de arrestarme, retenerme y por fin liberarme en el verano de 2014—. He recibido la orden de portar estos documentos conmigo dondequiera que vaya.

Son lo que los abogados de inmigración llaman APC, sigla de "Aviso Para Comparecer" (NTA en inglés, por *"Notice to Appear"*). Es una acusación que el gobierno puede presentar ante una corte migratoria para iniciar un "procedimiento de expulsión". No sé cuándo presentarán mi APC y me deportarán del país que considero mi hogar.

Vivimos en la era más antiinmigrante de la historia moderna de los Estados Unidos. La inmigración de cualquier tipo, legal o ilegal, se halla bajo un ataque sin precedentes. El

Servicio de Ciudadanía e Inmigración de los Estados Unidos
(USCIS, por su nombre en inglés: *U.S. Citizenship and Immigration Services*), que expide los permisos de residencia y concede la ciudadanía, ha dejado de describir al país como "una
nación de inmigrantes". El presidente Trump está cerrando las
puertas a los refugiados del mundo a un nivel no equiparable
con el de gobiernos previos, recortando a menos de la mitad el
número de aquellos que pueden ingresar. La vida cotidiana de
los *Dreamers*, los jóvenes inmigrantes indocumentados que,
como yo, llegaron al país de niños, está sujeta a los tuits del
Presidente, que mezcla a los indocumentados con los miembros de la pandilla MS-13, y nos llama "animales" y "víboras",
a menudo frente a muchedumbres vociferantes que rugen su
aprobación.

En una brutal advertencia para los estimados once millones de indocumentados en el país, Thomas Homan, director
interino del Servicio de Inmigración y Control de Aduanas
(*Immigration and Customs Enforcement*), declaró en el Congreso: "Si alguien se halla en el país de forma ilegal y ha cometido un crimen para ingresar, debería sentirse incómodo,
mantenerse alerta, estar preocupado".

Y agregó: "Nadie está exento".

Una mujer con un tumor cerebral fue detenida en un hospital de Fort Worth. Un padre de Los Ángeles fue arrestado
frente a su hija, ciudadana estadounidense, mientras la conducía a la escuela. Una joven fue arrestada tras ofrecer una
conferencia de prensa contra las redadas antiinmigrante. La
política de "tolerancia cero" en la frontera destroza familias y
niega derechos garantizados por leyes internacionales a quienes buscan asilo. Niños de pecho son dejados solos en refugios

para niños pequeños o de "temprana edad", mientras sus padres tienen serias dificultades para ubicarlos después. Decenas de miles de personas son encarceladas cada día.

Desde que, en 2011, admití públicamente mi estatus de indocumentado —y los Bill O'Reilly de este mundo me bautizaron como "el más famoso ilegal de los Estados Unidos"—, he visitado innumerables ciudades y pueblos de cuarenta y ocho estados, y hablado con toda clase de gente. Descubrí que la mayoría de los estadounidenses no tiene idea alguna de cómo funciona el sistema de inmigración, o qué se requiere para obtener la ciudadanía, o cuán difícil —por no decir imposible— es para un indocumentado "volverse legal". Mientras tanto, los trabajadores indocumentados pagamos miles de millones de dólares al gobierno que nos detiene y nos deporta.

Pero este no es un libro sobre políticas de inmigración; en lo esencial, no es sobre inmigración para nada. Es un libro sobre la falta de un hogar propio. No en el sentido tradicional, sino en el del estado psicológico —inestable y sin amarras— en que se hallan los inmigrantes indocumentados como yo. Es un libro sobre mentir y ser forzado a mentir para sobrevivir; sobre pasar por estadounidense y ciudadano modelo; sobre familias, y cómo mantenerlas unidas y, cuando ya no se puede, cómo fundar otras. Es sobre esconderse constantemente del gobierno y, al hacerlo, esconderse de uno mismo. Es un libro sobre qué significa carecer de hogar.

Después de veinticinco años de vivir ilegalmente en un país que no me considera uno de los suyos, este libro es, para mí, lo más cercano a la libertad.

Nota a los lectores

La mía es solo una de las estimadas once millones de historias similares en los Estados Unidos. En los últimos siete años he conocido a cientos de inmigrantes indocumentados en cafeterías y bodegas, o durante visitas a campuses universitarios, o cuando hablaba en actos públicos, o porque me contactaron a través de las redes sociales o el correo electrónico.

Aunque los detalles de nuestras historias difieren, los contornos de nuestra experiencia son esencialmente los mismos: "Mentir," "Pasar por" y "Esconderse".

PRIMERA PARTE

Mentir

1.
Apostadores

Vengo de una familia de apostadores.

Y, según resultó, mi futuro fue su mayor apuesta.

Todo lo que sucedió esa mañana en que dejé Filipinas fue a la carrera, bordeando el pánico. Apenas si estaba despierto cuando Mamá me arrancó de la cama y me metió de prisa en un taxi. No tuve tiempo de lavarme los dientes ni de darme una ducha.

Unos meses antes, Mamá me había contado el plan: nos íbamos a América. Yo iría primero; ella me seguiría unos meses después —a lo sumo, un año después. Hasta ese viaje al aeropuerto, Mamá y yo habíamos sido inseparables. Ella no trabajaba porque yo era su trabajo. Se aseguraba de que me fuera bien en la escuela. Cocinaba cada comida, usualmente un huevo frito con carne enlatada de desayuno y, si me había portado bien, su plato especial de *spaghetti* con hígado de pollo para el almuerzo o la cena. Los fines de semana me arrastraba a sus juegos de cartas y de *mah jong*. Nuestro departamento era tan pequeño que compartíamos la cama. Yo era el nene de Mamá.

Todavía estaba oscuro cuando llegamos al Aeropuerto Internacional Ninoy Aquino. Por razones que no quiso explicar, Mamá no podía entrar en la terminal. Afuera, me presentó a un hombre extraño que dijo era mi tío. En mi improvisada familia de parientes de sangre y conocidos de toda la vida, todos eran tía o tío.

Después de darme una chamarra marrón con una etiqueta que decía *MADE IN U.S.A.* en el cuello —un regalo de Navidad de sus padres en California, los abuelos con los que pronto viviría—, Mamá dijo, como si nada: "*Baka malamig doon*" ("Puede hacer frío allí").

Es lo último que recuerdo. No recuerdo haberle dado un abrazo. No recuerdo haberle dado un beso. No había tiempo para nada de eso. Lo que sí recuerdo fue la excitación de subirme a un avión por primera vez.

Mientras el vuelo de Continental Airlines dejaba la pista, espié por la ventana. Había oído que mi nativa Filipinas, con más de siete mil islas, era un archipiélago. Pero no lo entendí realmente hasta ver allí abajo esos montones de islas rodeadas de agua. Tanta agua en torno de tantas islas —como tragándome, mientras el avión se elevaba en el cielo.

Cada vez que pienso en el país que dejé atrás, recuerdo el agua. Según han pasado los años y las décadas, y el abismo entre Mamá y yo se ha ido haciendo más ancho y profundo, he eludido cuanto curso de agua hay en el país que ahora llamo mi hogar: el Río Grande de Texas, no muy lejos de donde fui arrestado; el Lago Michigan, que se extiende a través de Wisconsin, Illinois, Indiana y Michigan, estados con grandes ciudades y pequeños pueblos que he visitado en los últimos años; y los océanos Atlántico y Pacífico —soy de esos que van a Miami y a Hawái y jamás se acercan a la playa.

Cuando la gente piensa en fronteras y muros, usualmente piensa en tierra; yo pienso en agua. Es doloroso pensar que esa misma agua que nos conecta también nos divide, como nos dividió a Mamá y a mí.

Dejé Filipinas el 1 de agosto de 1993.

Tenía doce años.

2.

El país equivocado

Pensé que había aterrizado en el país equivocado.

Las películas de Hollywood y los concursos de belleza fascinan y moldean la cultura filipina. Había dos eventos televisivos que Mamá y yo no nos perdíamos: la entrega de los Oscar y el concurso de Miss Universo. Desde temprana edad, estos programas formaron mi visión del mundo y de los Estados Unidos. La América de mi imaginación era la América de *Mujer bonita*, *Cambio de hábito* y *Mi pobre angelito*, la América de Julia Roberts, Whoopi Goldberg y Macaulay Culkin. En el momento en que aterricé en el Aeropuerto Internacional de Los Ángeles, esperaba ver gente que se pareciera a Julia, a Whoopi y a Macaulay —personas que lucieran como aquellas que había visto en los Oscar—. En cambio, me recibió algo así como el desfile de naciones que da inicio al concurso de Miss Universo, cuando cada una de las participantes habla en su propio idioma. La América que encontré en el aeropuerto era una cultura polifónica que se veía y sonaba como se suponía que debería verse y sonar un mundo mucho más grande.

En Filipinas hay dos tipos de clima: caluroso y muy caluroso. Aun cuando llovía, aun cuando los tifones derribaban árboles e inundaban casas, incluida la nuestra, no recuerdo haber sentido frío. El clima variado de California —cálido de día, fresco en la noche— me exigió un reajuste inmediato. Aprendí cómo vestirme con diversas capas de ropa y conocí una cosa llamada suéter. Hasta entonces había poseído chaquetas, pero nunca un suéter.

El mayor reajuste fue vivir con gente nueva: mis abuelos, a quienes llamaba Lolo (abuelo) y Lola (abuela), y el hermano menor de mi madre, Rolan. Hasta que se mudó a los Estados Unidos en 1991, Tío Rolan había vivido con Mamá y conmigo. Lola había viajado a Filipinas dos veces, trayendo bolsas de Snickers y M&M's, y dinero para parientes y amigos (billetes de un dólar, de cinco, a veces de diez) como si fuera un cajero automático. Si la palabra "generosa" se encarnara en una persona, sería en Lola. Sólo conocía a Lolo por fotografías en las que siempre aparecía posando: la espalda derecha, el estómago realzado y el mentón en alto, la postura de alguien que está acostumbrado a que lo observen. Posaba al frente de su casa, al frente de su Toyota Camry rojo, al frente de un hotel en un lugar llamado Las Vegas. Yo apenas tenía tres años cuando Lolo se mudó a América; para cuando llegué a Mountain View, California, se había convertido en ciudadano estadounidense y había cambiado legalmente su nombre de Teófilo a Ted —por Ted Danson, de *Cheers.*

Para celebrar mi llegada, Lolo organizó una fiesta en la que fui presentado a parientes de los que había oído hablar, pero que jamás había visto. Había tantos que era como si tuviéramos nuestro propio pueblo. Entre los presentes estaban Florie, Rosie y David —los hermanos de Lolo, a quienes también debía llamar "Lolo" y "Lola" en señal de respeto. Los filipinos aman los títulos honoríficos. Toda persona mayor que uno es un *kuya* (si es hombre) o una *ate* (si es mujer). A menos que sean un Lolo o una Lola, uno debe llamarlos Tío o Tía, aunque no sean realmente parientes. Lola Florie, en particular, imponía respeto: trabajaba en electrónica; Lolo Bernie, su marido, había sido *marine*, y eran dueños de la casa en que vivían. Sus dos hijos, nacidos en Estados Unidos, *Kuya* Bernie y *Kuya* Gilbert, hablaban muy poco tagalo, pero se las arreglaron para darme una inmediata bienvenida a la familia. Lola Florie era la matriarca y la razón por la que Ted, su hermano mayor, y Rosie, su hermana menor, habían podido venir a América. Lola Rosie, la más vocinglera y amistosa de toda mi familia, anunció que Tío Conrad había conducido durante siete horas sólo para conocerme. Tío Conrad era una leyenda en la familia, tras haberse escapado de una vida de cosechar arroz y trabajar en la construcción en Filipinas para convertirse en oficial de la Marina de los Estados Unidos, un motivo de orgullo para todos nosotros. Con una altura de no más de cinco pies y tres pulgadas, y hablando en un inglés con un acento tagalo cavernoso, gutural, Tío Conrad estaba a cargo de noventa y dos uniformados. Era el favorito de Lolo.

"Masayang masaya na kami na nandito ka na", declaró Tío Conrad frente a toda la familia, mientras Lolo lo miraba. ("Estamos muy felices de que estés aquí").

Para Lolo, América era algo que se viste, se compra y se come, y quería mimar a su primer y único nieto: yo. Así que había de todo para consumir. En Filipinas podía comer helado en mi cumpleaños, a veces en la cena de Navidad, o para recibir el Año Nuevo. No creo haber comido tanto helado en toda mi vida como en mis primeras semanas y meses en los

Estados Unidos. La forma que tenía Lolo de darme la bienvenida, expresarme su amor y demostrarme qué maravillosa era América consistía en comprar un cubo de helado napolitano (vainilla, fresa y chocolate) por $5,99. Debo haber comido un cubo cada semana.

Otro modo de mostrarme su afecto era escribiendo mi nombre con un marcador ancho y negro en cada una de las prendas —camisetas, *shorts*, pantalones y ropa interior— que me habían comprado incluso antes de que llegara.

"*Ako ang nagdala sa iyo dito*", me dijo Lolo el día en que me inscribió en la escuela. ("Yo te traje hasta aquí"). Lo dijo en un tono de pura alegría y amor familiar.

Yo no tenía relación alguna con mi padre. No lo había visto más de cinco veces en toda mi vida. Poco después de llegar a Mountain View, se hizo evidente que Lolo sería la figura paterna que jamás había tenido.

3.
Crittenden Middle School

Durante las primeras semanas en mi primera escuela americana, rodeado por mis primeros amigos americanos, creía que mi nombre era parte del himno nacional, "The Star-Spangled Banner", y sonreía feliz cada vez que la clase lo cantaba: *"Oh, Jose, can you see?"*.

"Eh", me susurró mi compañero Sharmand una mañana en que me sorprendió sonriendo mientras cantábamos. "No hablamos de ti". Luego, me aclaró con un suspiro: "El himno dice, *'Oh, say, can you see'* ".

Afirmar que yo sobresalía en Crittenden Middle School sería un eufemismo.

No hablaba fluidamente en inglés, y mi acento era muy notorio. Nadie se atrevería a describir el tagalo, mi lengua nativa, como suave —al menos no de la forma en que yo lo hablo. Mi tagalo eran puras consonantes y sílabas cortadas, un ra-ta-ta-ta que sonaba como la lluvia tropical cayendo sobre cemento. Además, el alfabeto tagalo no incluye los sonidos ingleses para "h" y "th", por lo que me costaba pronunciar palabras tan comunes como *"the"*. *"The"* en inglés suena como "da" en tagalo; y cada vez que decía "da" en lugar de *"the"* me hacía notar. Una mañana, la Sra. Mitchell, la maestra del grado, me pidió que leyera un pasaje de un libro en voz alta. Mis compañeros se echaban a reír cada vez que yo leía "o-tor" en lugar "*au-thor*" (autor).

Sobresalía, también, por todo lo que no sabía.

No sabía qué clase de comida era apropiada llevar de almuerzo. Yo era el estudiante que almorzaba un plato de arroz y tilapia frita con salsa, mientras mis compañeros masticaban cosas de las que jamás había oído hablar, como sándwiches de mantequilla de maní y mermelada. "¿Qué es ese olor horrible?", preguntó una vez Sharon, una de mis compañeras. "Se llama *patis*", respondí; salsa de pescado.

No sabía cómo jugar a deportes como el *flag football*. La única vez que acepté jugar, corrí con la pelota en la mano hacia el lado equivocado del campo, mientras mis compañeros, liderados por Sharmand, gritaban: "¡Vas en dirección contraria! ¡Vas en dirección contraria!".

No sabía de qué cosas *no* debía hablar. Cuando me pidieron que hablara de mi mascota favorita, conté sobre mi perro Rambo, la única que he tenido. Dije que se llamaba Rambo por la serie de películas de Sylvester Stallone, y que lo había visto por última vez antes de la cena de cumpleaños de Mamá, para la que fue sacrificado, adobado y servido como *pulutan*, un aperitivo. Mis compañeros estaban mortificados; dos se echaron a llorar. Expliqué que en Filipinas los perros pueden servir como mascotas y como *pulutan*. (No, no probé ni un bocado de Rambo. Estaba demasiado triste). En Pasig, la parte de Manila donde crecí, perros y gatos eran alimentados con lo que quedaba del almuerzo o la cena, usualmente arroz, huesos de pollo, cerdo o pescado y cáscaras de mangos, bananas y guayabas. Nunca había oído hablar de "comida para mascotas", nunca había visto un pasillo entero de una tienda dedicado exclusivamente a ofrecerla. Uno de mis primeros recuerdos en los Estados Unidos es ir de uno a otro lado de la sección dedicada a comida para mascotas de Safeway, tan asombrado que detuve a uno de los empleados y le pregunté: "¿Por qué la comida para perros y para gatos cuesta más dinero que la comida para la gente?". Me contestó con una dura y sostenida mirada.

América era como una materia que jamás había tomado, y tenía por delante demasiado por aprender, demasiado por estudiar, demasiado por entender.

Estaba muy ansioso por compartirlo todo con Mamá. Las llamadas de larga distancia eran caras. Si tenía suerte, podía hablar con ella una vez por semana. Escribir cartas, primero a mano y después en los ordenadores de la escuela, era más barato y, también, una forma de alivio, de mitigar la pena de nuestra separación mientras esperábamos el reencuentro. Se suponía que ella ya tendría que haber venido, pero había una demora con los papeles. Había que seguir esperando.

En la primera carta tipeada que envié a Mamá, a dieciséis meses de vivir en los Estados Unidos, le escribí:

¿Qué tal? ¿Qué hacen? Espero que todos estén tan bien como estoy yo aquí con Lola, Lolo y el Tío Rolan. Solamente odio el clima, a veces, es demasiado frío, ¡me congelo! Hasta tenemos que usar el calefactor.

Quería mostrarle a Mamá que me estaba adaptando a la forma de hablar de aquí, un poco informal. El primer estudiante americano que me habló fue Ryan Brown, quien tenía la cara cubierta por lo que luego aprendí que eran "pecas". Cuando me saludó con la expresión "*What's up?*", que literalmente significa "¿Qué está arriba?", respondí: "El cielo". Comprendí pronto que el inglés que hablaba en Filipinas no era el mismo que el que se hablaba en los Estados Unidos.

La carta proseguía:

> *Es duro estar en 7mo. grado. ¡Cada semana tenemos que entregar un nuevo proyecto! Me vuelvo loco, porque el horario es demasiado ajustado. Voy a la escuela de lunes a viernes de 7:58 a.m. a 2:24 p.m. Voy a* Tween Time *de lunes a viernes, de 2:30 a 4:30. Los viernes, voy al* Newsletter club *hasta las 4:30. Camino a casa, como, y los martes saco la basura y duermo dos horas de siesta y hago mi tarea. ¡Tengo mucha! Usualmente participo en muchos clubes de la escuela, como* Tween Time, Drama, School newsletters. *Creo que es genial poder usar tanto las computadoras. En Filipinas ni siquiera pude tocar una. Aquí, en nuestra escuela, ¡hay computadoras por todas partes! En cada aula hay una. ¡No podemos escribir nada sin una computadora!*

Con el tiempo, América se había convertido en algo más que una materia difícil: era una experiencia total, y yo quería vivirla completamente.

Había pasado más de un año desde que Mamá y yo nos habíamos visto por última vez. Sabía que estaba triste, porque yo estaba triste. Sabía que estaba angustiada. La única manera de hacerla feliz era asegurarme de no parecer triste en mis cartas y de obtener buenas calificaciones. Además, comprendí que ser bueno en la escuela —hacer amigos, hablar con los maestros— era una forma de integrarme. Me parecía que ser aceptado en la escuela era como ser aceptado en América.

En el último trimestre, incluso estuve en el Cuadro de Honor, ¡obtuve 4.00, la calificación perfecta!

Como madre soltera, Mamá se apoyaba en sus amigas más cercanas, especialmente mi madrina. La familia de esta era parte de nuestra familia. Con el tiempo, a medida que estaba más ocupado en la escuela, se tornó más difícil mantenerme en contacto con todos, aunque lo intenté.

Ya escribí sobre mi vida de todos los días, ¿qué hay de ustedes? ¿Están todos bien? Cada noche rezo para que todos tengan buena salud. ¡Los extraño mucho! ¡No hay nada más importante que ustedes! ¿Cómo está Ninang [madrina]? ¿Está bien? ¿Y qué hay de Ate Grace [la sobrina de mi madrina, que era como una hermana para mí]? Me dijeron que termina la escuela secundaria el año próximo. ¿Ya tiene novio? Espero que no. Dile que por favor me escriba. ¿Y qué hay de Tita Josie [la hermana de mi madrina], Tita Nancy [la otra hermana de mi madrina] y Lola Elvie [la madre de mi madrina]? ¡Diles que las extraño a todas y que jamás las olvidaré!

¡Tengo que irme! ¡Los quiero mucho, mucho, mucho, mucho!

Recientemente Mamá me devolvió esta carta que le envié hace más de veintitrés años. Al leerla ahora, no reconozco a quien la escribió. ¿Qué pasó con todo ese amor y la nostalgia que sentía por la familia y los amigos que había dejado atrás? La separación no solo divide familias: también entierra las emociones de una manera tan profunda que no puedes tocarlas. No creo que jamás vuelva a querer a Mamá de la forma infantil, despreocupada e inocente como la quería cuando escribí esa carta. No sé adónde fue a dar ese niño.

4.
Ni negro ni blanco

"No pareces realmente filipino", me decía Eleanor, la mucha-cha bonita de coletas y gafas. Nativa de Filipinas, la familia de Eleanor había emigrado a los Estados Unidos más o menos al mismo tiempo que la mía. Nuestra llegada a Mountain View coincidió con un cambio histórico en el sector demográfico del estado. Entre 1990 y 2000, los años en que asistí a es-cuelas públicas en California, las poblaciones latina y asiática aumentaron más de un tercio cada una. A la vez, la población blanca disminuyó casi un diez por ciento, y la negra se man-tuvo más o menos igual —un espejo de la composición racial del país en las décadas siguientes.

Crittenden Middle School era un microcosmos de ese mo-vimiento irreversible. Como en la propia California, ningún grupo racial tenía la mayoría. En la primera mitad de los años noventa, asistieron a la escuela, de quinto a octavo grados, entre mil trescientos y mil cuatrocientos estudiantes. Cerca de un tercio era latino, en su mayoría mexicanos; el otro ter-cio era asiático, en su mayoría filipinos, algunos vietnamitas e indios; y el tercio restante estaba dividido entre blancos y ne-gros. Muchos de los mexicanos y filipinos eran descendientes de agricultores que después de la Segunda Guerra Mundial, se habían mudado a Mountain View, para trabajar en las granjas de duraznos, damascos y cerezas. Una década más tarde, una compañía con base en Mountain View, llamada Shockley Semiconductor Laboratory, desarrolló los primeros semiconductores de silicio que dieron su nombre a Silicon Valley.

Como muchos filipinos, crecí escuchando a Michael y Whitney, sin saber que eran "negros" o "afroamericanos". Tampoco sabía que Julia Roberts y Macaulay Culkin eran "blancos". En Filipinas eran simplemente americanos.

Mi cerebro inmigrante de catorce años no podía procesar el tema de la raza. Yo sabía que era filipino; eso estaba claro. Pero jamás me había dado cuenta de que era "asiático", o de que chinos, coreanos e indios también eran "asiáticos"; o de que, como filipino, era tanto "asiático" como "isleño del Pacífico". Llamar a la gente "hispana" o "latina" era algo desconcertante para mí, en parte debido a que muchos asumían que yo era hispano o latino por mi nombre. (Mi respuesta típica siempre era: "Mi nombre es Jose a causa del colonialismo español"). ¿Se etiquetaba de "asiático" a alguien por razones geográficas, porque veníamos del continente "asiático"? Pero si se trataba de geografía, ¿no debía llamarse "americanos" a los "hispanos" y "latinos"? De acuerdo con los mapas —y los concursos de Miss Universo que había mirado religiosamente de niño—, los "hispanos" y "latinos" provenían de América Central y Sudamérica. ¿Cuál era la diferencia entre las distintas Américas?

Venía gente de Filipinas, de México, de Egipto, de Francia. Hasta donde podía ver, "blanco" no era un país. Tampoco "negro". Lo confirmé en los mapas. ¿Se era "asiático" o "hispano" porque los estadounidenses habían comenzado a etiquetarse "blancos" y "negros"? ¿Acaso eran ellos quienes lo habían inventado todo? Y, ¿por qué cada vez que leía algo sobre raza, "Asiáticos" e "Hispanos" llevaban mayúsculas mientras que "blancos" y negros" no? ¿Adónde encajaba uno si era multirracial y multiétnico?

Nunca olvidaré el día del veredicto de O. J. Simpson. Yo no tenía idea de quién era, pero la mayoría de mis compañeros parecían saberlo, y casi todos tenían opiniones sobre lo que había hecho y por qué lo había hecho, incluidos mis maestros, todos ellos blancos. El día del veredicto, la Sra. Wakefield, que enseñaba Ciencias Sociales, detuvo la clase y encendió el radio para que todos pudiéramos escuchar. Cuando Simpson fue absuelto, la escuela estalló, y las reacciones se extendieron de las aulas al patio. Era la primera vez que veía a la gente dividida físicamente por razas. Los estudiantes negros festejaban el veredicto, los blancos se burlaban y los asiáticos y latinos —que componían más de la mitad de la escuela— se miraban unos a otros tratando de adivinar a qué bando sumarse. Esa dinámica —latinos y asiáticos aparentemente excluidos del sistema binario negro-blanco— se transformaría en la cuestión dominante de mi vida. ¿Con quién debía ir? ¿Con los negros? ¿Con los blancos? ¿Podía irme con ambos?

"No eres ni negro ni blanco", me dijo la Sra. Wakefield durante una de nuestras charlas de la tarde. Esa dama mayor, blanca, caminaba por el campus con tiza en el pelo y esos ojos enormes que veían mucho más de lo que uno estaba dispuesto a mostrar. La Sra. Wakefield fue la primera maestra de la que me hice amigo.

"Considérate afortunado".

No me sentía afortunado, sólo perplejo. Pero lo que empezaba a ver más claramente —y lo que empecé a internalizar durante mis años en Crittenden— fue que la raza era algo tangible y tortuoso, de blanco-o-negro, en un país donde las conversaciones sobre cómo uno se identificaba y a quién representaba acababan mayormente en uno u otro extremo. Aquellos que no eran blancos ni negros tenían que discernir de qué lado quedaban y hasta qué punto se identificaban con ese lado.

En mi primera etapa de formación en los Estados Unidos, mientras observaba a mis compañeros y miraba televisión y veía películas, aprendí que la raza era tanto una cuestión física como de comportamiento, percibido o esperado. "No seas tan blanco", oí a mis compañeros mexicanos reprenderse entre sí. "¿Por qué actúas como si fueras negro?", se preguntaban mis amigos filipinos. Ninguno de esos comentarios sonaba como un elogio; quienes no eran blancos ni negros podían ser igual de negativos hacia unos y otros.

A menudo me quedaba callado porque no sabía qué decir.

No estaba seguro de cómo se suponía que debía lucir un filipino o adónde se suponía que debía encajar.

5.

Filipinos

Los filipinos encajan en todas partes y en ninguna.

Somos los invisibles entre los invisibles, una hazaña extraordinaria considerando que hay 115 millones de nosotros en el planeta: unos 105 millones en las Islas Filipinas (lo que las convierte en el 12° país más poblado del mundo, después de México) y otros diez millones desparramados en cien países, en su mayoría como ciudadanos o residentes legales. De esos diez millones, más de 3,5 viven en los Estados Unidos, lo que nos convierte en segundos en tamaño entre los grupos asiáticos de aquí. Aunque uno de cada cinco asiático-americanos es filipino, muchos de nosotros no nos identificamos como asiáticos. Los enclaves filipinos no tienen la visibilidad de los *Koreatowns* o los *Chinatowns*. Donde sea que estemos y como sea que nos identifiquemos, los no filipinos tienen una forma interesante de definirnos. Aunque nuestros empleos son tan diversos como nuestra gente —somos enfermeros y abogados, artistas y profesores—, la mayoría de las personas que he conocido piensa que somos sirvientes. Aparentemente, estamos entre los grupos más buscados como trabajadores domésticos. He perdido la cuenta de cuántas veces alguien me ha dicho, a propósito de nada, "Las mejores niñeras y mucamas son filipinas".

Quizás se deba a que la cultura filipina, aunque orgullosa de su singularidad y excentricidad, es muy maleable. La capacidad de adaptación ha sido esencial para sobrevivir cuatrocientos veinte años de estragos físicos y emocionales.

Nuestra historia colonial, abreviada: las Islas Filipinas fueron "descubiertas" por los colonizadores españoles, quienes las gobernaron por más de trescientos setenta años, hasta que los estadounidenses, desesperados por extender su alcance económico y político, ansiaron un imperio propio y se declararon los legítimos "dueños" de las islas por unos cincuenta años. En su libro, *In Our Image: America's Empire in the Philippines* (A nuestra imagen: El Imperio Americano en las Filipinas), el historiador Stanley Karnow definió la historia de mi país de origen como "300 años en el convento, 50 años en Hollywood". Mis abuelos encarnaban esa ineludible realidad imperial-colonial. Ambos católicos devotos —Filipinas es el único país predominantemente católico en Asia—, Lolo aprendió palabras y frases en inglés escuchando a Frank Sinatra y Dean Martin en las rocolas, mientras que Lola prefería a Nat King Cole y a Ella Fitzgerald.

Algunos de mis amigos filipino-americanos bromean con que los americanos solo recuerdan a los filipinos cuando necesitan que hospedemos su flota naval y peleemos sus batallas. Piensen en el destino de los soldados filipinos que pelearon contra los japoneses en la Segunda Guerra Mundial. Con la promesa de una futura ciudadanía y beneficios completos como veteranos, más de 250 000 filipinos se enlistaron bajo la bandera americana y jugaron un rol crucial en la victoria.

Poco después, el Acta de Rescisión de 1946 despojó retroactivamente a esos soldados de su estatus de veteranos estadounidenses. El mensaje era claro: su servicio no importó. Llevó más de sesenta años rectificar esa injusticia.

Desde el principio, esa relación codependiente y abusiva se ha visto embrollada por la raza y el color de la piel. Durante la Guerra Filipino-Americana, los soldados blancos estadounidenses se referían a los filipinos como "*niggers*" por su tez morena. Cuando los filipinos llegaron por primera vez a California, en la primera mitad del siglo xx, los estadounidenses, confundidos, los colocaron en la misma categoría étnica que los mongoles. Las autoridades locales les impusieron leyes contra el mestizaje; los filipinos tenían que salir del estado para casarse con mujeres blancas. A lo largo de la Gran Depresión, los blancos afirmaban que los filipinos "echan abajo nuestro estándar de vida, porque trabajan por bajos salarios". En muchos hoteles, restaurantes e incluso piscinas colgaban letreros que advertían: "¡DEFINITIVAMENTE NO SE ADMITEN FILIPINOS!".

Sin embargo, si bien Filipinas fue la "primera auténtica tentación" de los Estados Unidos, como escribió Mark Twain, América, dada su historia imperialista, también se convirtió en una tentación para los filipinos ansiosos por escapar de la pobreza y poder mantener a sus familias. Después de todo, si los estadounidenses podían presentarse y reclamar las Filipinas para sí, ¿por qué no podrían los filipinos mudarse a los Estados Unidos?

El color de la piel de las personas tiene un gran impacto en cualquier país colonizado. Mis padres eran considerados mestizos (de piel clara) por sus propias familias. Yo soy el único hijo de Emelie Salinas y Jose Lito Vargas. Poco después de que se casaran, se hizo evidente que eran demasiado jóvenes para sacar adelante el matrimonio y mucho más para criar un niño. Desde el principio, su matrimonio fue subsidiado por sus padres. Mi padre era uno de nueve hijos; su madre, Dolores, era la segunda esposa de Ramón, un hombre de negocios de Manila. No recuerdo haber conocido a Ramón. Mi madre era la única hija de Teófilo y Leonila, una pareja de clase media-baja de Iba, un *barangay* (poblado) rural de Zambales, provincia agrícola salpicada de interminables campos de arroz y con los mangos en forma de corazón más dulces que jamás puedan llegar a saborear. Hasta hoy, cada vez que veo mangos en una tienda me acuerdo de Iba. Por todo Zambales había ríos hermosos de aguas cristalinas en los que nos bañábamos y donde lavábamos la ropa. Teófilo había abandonado la escuela secundaria, Leonila no había pasado de sexto grado. Mis padres se separaron antes de que yo aprendiera a hablar y, de creer las leyendas familiares, las primeras palabras que pronuncié fueron "Lolo" y "Lola". Como primer *apo* (nieto), mis abuelos me atesoraron y me trataron como si fuera su propio hijo.

Para quienes vivían en Zambales en esa época, había tres formas básicas de irse a los Estados Unidos: (1) alistarse en la Marina de los Estados Unidos; (2) casarse con un ciudadano estadounidense; (3) ser reclamado por un pariente. La hermana menor de Lolo, Florie, se enamoró de un *marine* americano. Se casaron, y Florie se marchó a los Estados Unidos en 1963; se convirtió en ciudadana tres años después. Cuando Florie le preguntó a Lolo si quería emigrar con su familia, este no tuvo dudas. En todo el país, plagado por la corrupción política, la gente creía que viajar a América era como sacarse un billete de lotería que le permitiría conseguir mejores trabajos, mejores salarios y una mejor vida. Gracias a la Ley de Inmigración y Nacionalidad (*Immigration and Nationality Act*) de 1965, que puso fin a décadas de cuotas raciales y étnicas, y favoreció la unificación familiar, Florie pudo traer a Lolo. La espera llevó más de una década. En 1984, cuando yo tenía tres años, Lolo y Lola se mudaron de Zambales a California.

Lo único que recibí de mi padre fue su nombre y sus cejas gruesas. Para cuando Lolo y Lola se fueron, Papá nos había abandonado a Mamá y a mí. Hasta donde tengo memoria, Mamá y sus padres me cuidaron. Dado que era la hija de la familia, de la que se esperaba que se casara y tuviera niños, Lolo le dijo a Mamá que dejara la escuela para que su hermano menor pudiera ir a la universidad (sólo podía costear la educación de un hijo). Mamá me dejó a cargo de unos parientes mientras buscaba trabajos ocasionales, difíciles de conseguir para una mujer sin un título universitario. Pasado un tiempo, Lolo y Lola le dijeron a Mamá que dejara de buscar trabajo y se dedicara a criarme, y empezaron a pagar nuestra manutención. Filipinas es uno de los mayores destinos de remesas del mundo. Lolo y Lola formaban parte de los 3,5 millones de filipinos que cada mes enviaban dinero desde los Estados Unidos, un dinero sin el cual la economía filipina no podría sobrevivir, pero que a la vez creaba una cultura de consumo y un ciclo de dependencia financiera de los que yo formé parte antes de saber siquiera quién era.

Antes de que Lolo y Lola emigraran, me crié en una casa de cemento y madera con un baño improvisado. El agua corriente era un bien preciado en las provincias, y nos bañábamos y aseábamos usando el sistema *tabo*, que consiste en recipientes que se utilizan para recoger el agua de una *timba* (cubeta); de ese modo no se desperdicia agua (antes de que los americanos tomaran el mando, los cocos vacíos servían de *tabo*; ellos fueron los introdujeron el plástico, y con él, los *tabo* plásticos). Una vez que Lolo y Lola se fueron, Mamá y yo nos mudamos a Pasig, en la capital, donde vivíamos en un apartamento rentado con agua corriente —pagado, claro, por Lolo y Lola.

Mientras crecía en Pasig, pensaba que Lolo y Lola eran gente rica, con incontables dólares norteamericanos y una reserva sin fin de M&M's y latas y latas de Spam, que nos enviaban regularmente en una caja *balikbayan* (repatriada). No fue hasta que llegué a California a vivir con ellos que descubrí que no lo eran. De hecho, apenas sobrevivían gracias a empleos mal pagados: ella sirviendo comida, él como guardia de seguridad. Hasta hoy ignoro cómo se las arreglaban para estirar cada dólar que ganaban. No poseían una gran mansión, como había imaginado, sino que le pagaban renta a Florie por una modesta casa de tres cuartos. Uno era para Lolo y Lola; otro era el que yo compartía con Tío Rolan; y el tercero se lo alquilaban a un amigo. Usualmente, Lolo trabajaba el turno de la noche, mientras Lola y Tío Rolan lo hacían de día. Después de la escuela, yo estaba a cargo de barrer las hojas del jardín, sacar la basura y asegurarme de que los platos estuvieran lavados. Si había sido un hijo obediente en Pasig, era un nieto aún más obediente en Mountain View. Para mí, eso era todo lo que podía hacer para ayudar a Lolo y Lola en su lucha por pagar las cuentas de cada mes y seguir enviando dinero a Mamá. Tío Rolan, que trabajaba como contador, pagaba los gastos de la escuela. Para entonces, Mamá tenía un novio estable llamado Jimmy que trabajaba en el exterior de tanto en tanto. La hija de ambos y mi media hermana, Czarina, apenas tenía dos años cuando me fui. Dos años después tuvieron un hijo, Carl, mi medio hermano, a quien no he llegado a conocer. Jimmy ayudó a criarlos y todavía los mantiene.

Aunque Lolo y Lola habían llegado casi una década antes, yo fui quien les presentó realmente a América, lo que es típico en familias de inmigrantes de varias generaciones. Nuestro hogar era definitivamente filipino. Lola podía contar las noticias de Manila, pero le habría resultado difícil explicar qué ocurría en San Francisco, apenas una hora al norte de donde estábamos. Hablábamos en tagalo o sambali, los dialectos de Zambales. Solo comíamos platos filipinos, sobre todo arroz, pescado y cerdo. Tratábamos, en su gran mayoría, con amigos y parientes filipinos. Seguíamos usando el sistema *tabo*, aunque ahora teníamos agua corriente.

Google se fundó a apenas dos millas de nuestra casa, que no está lejos de Stanford University. Mountain View es casi el corazón geográfico de Silicon Valley, la famosa sección dentro del área de la bahía de San Francisco, que se alimenta de las apuestas de ingenieros y empresarios en busca de la siguiente novedad. Yo crecí en la parte más pobre de Mountain View, en los noventa, antes de que Apple, en el cercano Cupertino, fuera considerada "la marca más valiosa del mundo" y antes de que Facebook, en el cercano Menlo Park, revolucionara la era de las redes sociales. Hoy, alquilar un apartamento ahí puede costar más de tres mil dólares por mes y sería difícil comprar una casa por menos de un millón de dólares. A cualquier hora de cualquier día se pueden ver unos cuantos Teslas en la calle.

Pero mi familia es de otro Mountain View, que es parte

de otro Silicon Valley. Es el Mountain View de familias inmigrantes que viven en casas y apartamentos atestados, que dependen de Univision, Saigon TV News y el Filipino Channel para recibir noticias de casa —no de aquella en la que viven, sino de la que dejaron atrás. Es el Silicon Valley de las tiendas étnicas en edificios destartalados, donde los sacos de arroz y las libras de cerdo son más baratos, donde se puede oír español, tagalo y vietnamita antes que una sola palabra de inglés. Es el otro Mountain View, el otro Silicon Valley, donde el Sueño Americano descansa sobre un caduco y bizantino sistema de inmigración que exige a las familias que esperen durante años, si no décadas, para reunirse con sus seres queridos.

En el lugar donde crecí, los filipinos que poblábamos las escuelas públicas luchábamos por entender si pertenecíamos a una u otra parte de una América que se veía a sí misma mayormente como blanca y negra. Si América es un tambaleante taburete de tres patas, de las que blancos y negros tienen dos, la tercera se divide entre latinos y asiáticos, cuyas historias de lucha y opresión a menudo son desatendidas y tergiversadas. No estoy seguro de a qué pata corresponden los nativoamericanos. En cuanto a los filipinos, estamos atascados justo en el medio de una de ellas.

6.

José el Mexicano y
Jose el Filipino

"¿Dónde está tu *green card*?", me preguntó José el Mexicano.

Estábamos sentados en el fondo del aula. Era durante la clase de Ciencias, en la última hora, y el Sr. Album hacía cuanto podía para mantener a todo el mundo despierto.

"¿Eh?", repliqué, totalmente confundido. "¿Qué?".

En las clases que tomaba en Crittenden, solo había dos José: José el Mexicano y Jose el Filipino. Yo.

"Tu *green card*", dijo José el Mexicano antes de sacar una tarjeta recubierta de plástico del bolsillo trasero de su pantalón. "Es la tarjeta que debes traer contigo a la escuela. Ya sabes, si eres inmigrante".

Recordé los avisos que había visto por televisión una y otra vez acerca de la Proposición 187, una iniciativa que buscaba prohibir que los "ilegales" utilizaran los servicios públicos. El tema principal de la campaña electoral para gobernador de California de 1994 era la Proposición 187. El gobernador republicano, Pete Wilson, argumentaba que era injusto que los estadounidenses tuvieran que pagar por los "niños inmigrantes ilegales" que asistían a escuelas públicas, lo cual representaba un costo de 1500 millones de dólares por año a los contribuyentes. Recuerdo que el aviso me había desconcertado. Yo no sabía quiénes eran esos "niños inmigrantes ilegales" y no podía siquiera concebir 1500 millones de dólares juntos. Wilson afirmaba que su rival, una candidata demócrata llamada Kathleen Brown, estaba más dispuesta a gastar dinero en "ilegales" que a ocuparse de los "niños de California". El aviso concluía con la pregunta: "¿De qué lado está usted?".

Cada vez que las noticias mencionaban a "ilegales", ya fuera en televisión o en los diarios y revistas que leía en la biblioteca, se referían a latinos e hispanos, específicamente a los mexicanos. No se trataba de Lolo o Lola, Tío Rolan o Tío Conrad, o Florie, o Rosie. No se trataba de mí. Yo no sabía que la ley de inmigración que le había permitido a mi familia venir legalmente era la misma que había creado la inmigración "ilegal", tal y como se la conoce. La Ley de Inmigración y Nacionalidad de 1965 benefició a los inmigrantes asiáticos, pero puso a los latinos en desventaja. Antes de 1965, la inmigración de México y de otros países latinoamericanos era en su mayor parte irrestricta, y existía un sistema oficial de invitación a trabajadores llamado Programa Bracero que le permitía a millones de mexicanos trabajar en los Estados Unidos. La disolución del programa y la aprobación de la ley de 1965 creó el problema del inmigrante "ilegal" donde antes no lo había.

No sabía nada de esto cuando José el Mexicano me mostró su *green card*.

Todo lo que sabía era que no era mexicano.

"Supongo que no tienes que preocuparte por tu *green card*", me dijo. "Tu nombre es Jose, pero pareces asiático".

7.
Falsa

Volví a recordar la *green card* mientras iba en mi bicicleta a la oficina del Departamento de Vehículos Motorizados (DMV, por sus siglas en inglés), justo enfrente de Target.

Sin decirle a nadie de la familia, había decidido solicitar un permiso de conducir. Ya tenía dieciséis años, la edad en que se supone que los adolescentes americanos obtienen el permiso. A veces Lolo me llevaba a la escuela pero no podía recogerme después, así que tomaba el autobús o conseguía viajar con alguno de mis amigos. Lolo me había comprado una bicicleta recién pintada de negro, que se había convertido en mi principal medio de transporte.

De acuerdo con el folleto del DMV que había encontrado en la biblioteca, tenía que presentar una prueba de identificación. Como era inmigrante, debía llevar la *green card*, que Lolo guardaba en una carpeta en un archivador en su cuarto. Con mi *green card* y la tarjeta de la escuela metidas en mi libro de Geometría, completé el formulario, tomé asiento y aguardé a que me llamaran.

Unos minutos más tarde, entregué ambas tarjetas a una mujer de gafas y pelo rizado. Sin siquiera echar una mirada a la tarjeta de la escuela —"Jose Vargas, Clase de 2000, Mountain View High School"—, examinó la *green card*, dándole la vuelta dos veces. Frunciendo el entrecejo bajó la cabeza, se me acercó y susurró: "Es falsa. No vuelvas por aquí".

Falsa.

Pensé que se había equivocado, incluso quizás mentía. Pero parecía sorprendida de que yo no supiera que la *green card* era falsa. De hecho, estaba tan seguro de que estaba equivocada o que mentía que ni me molesté en interrogarla. Simplemente asumí que no era cierto, me di la vuelta, subí a mi bici y pedaleé a casa, escuchando a Alanis Morissette y Boyz II Men, aturdido por la música y la letra.

Por supuesto que miente.

¿Cómo puede ser falsa?

Cuando me acercaba a Mi Pueblo, un supermercado mexicano en el que Lola y yo a veces comprábamos mangos y arroz, se me detuvo el corazón.

¿Habrá pensado que yo era mexicano? ¿Porque, claro, mi nombre es Jose, aunque no es José?

Regresé a casa, sintiendo que la confusión comenzaba a convertirse en pánico. Pero estaba convencido de que todo iba a estar bien. Lolo lo aclararía todo, como siempre. Siempre se había hecho cargo de todos nosotros. No era alto, pero se alzaba por encima de todos, hablando en su inglés entrecortado y de pronunciación forzada que transmitía claridad. Desde que había empezado a trabajar en el turno nocturno, estaba a menudo en casa por las tardes. Cuando llegué, estaba encorvado sobre una mesa del garaje, recortando los cupones de descuentos de los periódicos, con un cigarrillo colgándole de los labios. Dejé caer la bicicleta al piso, saqué la *green card* de mi mochila y corrí hacia él.

"*Peke ba ito?*", le pregunté en tagalo. ("¿Es falsa?"). Le mostré la *green card* y examiné su rostro mientras mi voz se quebraba, temiendo lo que pudiera decir.

Se levantó, me arrancó la tarjeta de la mano y pronunció una frase que cambió el curso de mi vida.

"*Huwag mong ipakita yang sa mga tao*" ("No se la muestres a nadie").

Su voz era suave, empapada de vergüenza.

"*Hindi ka dapat nandito*" ("Tú no deberías estar aquí").

El *shock* que me produjeron esa palabras —dichas por el mismo hombre que había sacrificado tanto para traerme a América— todavía me estremece más de veinte años después. Nada de lo que Lolo dijo después —nada de lo que Lola o Mamá han dicho desde entonces— me ha pesado tanto.

Me quedé mudo, en inglés y en tagalo. No recuerdo qué dije. Pero me vinieron tantas preguntas a la cabeza, que pensé que me iba a estallar.

Si esta green card es "falsa", ¿qué más es "falso"?

¿Quién más sabe que la tarjeta es "falsa"? ¿Lola? ¿Tío Rolan? ¿Lo sabe Mamá?

¿Por qué nadie me lo dijo?

¿Puedo obtener una green card "verdadera"?

¿Se puede comprar?

¿Por cuánto?

¿Dónde?

¿Le puedo contar a mis amigos?

¿Puedo confiar en mi familia?

¿En quién puedo confiar?

Lo único que sabía era que apenas si podía confiar en mí mismo —en lo que sentía y en cómo estaba lidiando con el *shock*. Era como si la gravedad se hubiera acabado y fuera a salir volando. Nada era lo que parecía. Nadie era quien yo creía que era, o pensé que era, y menos que nadie yo mismo. Estaba confundido, enojado: enojado conmigo mismo por haber ido al DMV, para empezar, enojado con Lolo por ponerme en esa situación, por hacerme formar parte de un retorcido pacto fáustico del que yo no había participado. Enojado con Mamá. Habían conspirado para enviarme a América para darme una vida mejor sin darse cuenta de que me habían arrojado a una pesadilla.

Y tenía miedo.

Fue, sobre todo, la insensibilizaci —la insensibilizació. Lo que más recuerdo de esa tarde y los días y semanas siguientes fue que sentí que me endurecía —etendurecía emocionalmente.

Algo se endureció en un lugar recóndito de mi interior al que nadie podría aceder. Me sentía traicionado de formas que no podía siquiera articular o enfrentar totalmente.

Mi primer instinto fue huir. Pero no tenía adónde ir ni, nadie con quien quedarme. Otra idea fue regresar a Filipinas, irme a casa con Mamá. Pero Lolo me dijo que incluso el pasaporte que había utilizado para venir a América era falso. La foto del pasaporte era mía, pero el nombre no. Me dijo que había comprado un pasaporte con mi nombre, pero no mi nombre *completo*. En lugar de Jose Antonio Salinas Vargas, puso Jose Antonio Abaga Vargas. Salinas era el apellido de Lolo, el segundo nombre que figura en mi certificado de nacimiento. Abaga era el apellido de soltera de Lola. En caso de que nos atraparan, no quería que su nombre quedara involucrado. Salinas es el apellido de soltera de Florie, su bienamada hermana, y la razón por la que Lolo y Lola habían podido emigrar. Salinas es el apellido de Conrad, su sobrino favorito. Ni Lola Florie ni Tío Conrad sabían del ardid de Lolo. La *green card* y los pasaportes le habían costado cuarenta y cinco dólares, una suma enorme para un guardia de seguridad que ganaba cinco dólares la hora.

Me llevó tiempo entender la gravedad del engaño, las capas de mentira. No podía quedarme legalmente. Tampoco podía irme legalmente. Estaba atrapado. Legalmente, estaba en tierra de nadie.

Esa noche, durante una llamada con Mamá, reclamé respuestas a preguntas que jamás había imaginado que haría. Descubrí que el "tío" que me había acompañado en el vuelo a los Estados Unidos era un contrabandista pagado por Lolo. La mañana en que dejé Filipinas todo sucedió tan a la carrera porque no se sabía cuándo partiría: el contrabandista no le había dado ni fecha ni hora a Lolo. El plan era que llamaría horas antes de mi vuelo, por lo que tenía que estar listo en todo momento. Sin que yo lo supiera, mi maleta había permanecido empacada durante meses.

Tenían que mentir acerca de mí porque habían mentido acerca de todo lo demás.

Después de que Lolo llegó a América, había pedido que sus dos hijos se reunieran con él: Mamá y Tío Rolan. Pero en lugar de anotar a Mamá como casada —todavía lo estaba ante los ojos de la ley—, mintió y la puso como soltera. Como el residente legal que era en esa época, no podía solicitar reunir en

América a hijos casados. Aún más importante, Lolo no sentía aprecio por mi padre, que nos había abandonado, y no quería que viniera. Así que mintió.

La mentira lo asustó. Temía que los funcionarios de inmigración descubrieran que Mamá estaba casada, poniendo en riesgo no solo la oportunidad de traerla, sino también de Tío Rolan. Así que retiró la petición que había hecho por Mamá. Después de que Tío Rolan viniera legalmente en 1991, Lolo intentó traer a mi madre con una visa de turista. Pero la solicitud fue denegada tres veces. Mamá estaba desempleada; no podía probar que no se quedaría ilegalmente una vez que la visa se venciera porque no tenía nada sustancial por lo que regresar. Así que, urgida por Lolo, aceptó enviarme a América con el contrabandista. Supuso que encontraría alguna forma de venir unos meses más tarde, a lo sumo un año después, tal como me había prometido esa mañana en el aeropuerto. Pero no había podido encontrar la forma.

Su plan era ganar tiempo hasta que yo adquiriera un estatus legal. Lolo esperaba que yo buscara empleos que no requirieran papeles. Quizás en el mercado de pulgas donde David, su hermano mayor, y Modesta, su mujer (los padres de Tío Conrad), limpiaban baños. "*Maganda ang trabaho iyan*", decía Lolo. ("Es un trabajo decente"). O quizás como cajero de Fry's Electronics, donde uno de sus amigos era supervisor. Una vez que tuviera trabajo, Lola decía que encontraría una ciudadana americana con quien casarme. Esa era la forma de "legalizarse" y volverse "ciudadano". Tenía que ahorrar dinero para pagarle. Quizás ni siquiera necesitaría pagarle si nos enamorábamos.

"*Hindi ko gagawin niyan*", le dije a Mamá por teléfono. ("No voy a hacerlo").

"*Hindi ako magpapakasal*" ("No me voy a casar").

Poco después de ese día inolvidable, aprendí que en la cultura filipina hay un término para quien está en los Estados Unidos ilegalmente: "TNT", la sigla de *tago ng tago*, que se puede traducir como "esconderse y esconderse". Descubrir que yo era un TNT fue, no solo el punto de partida de las mentiras que tendría que decir y de las cosas que tendría que hacer para "pasar" por "americano", sino también de esconderme de Lolo, Lola y Mamá.

8.
Salir del clóset

Una mentira era suficiente. Una mentira era ya demasiado. Pero lo que no podía decirle a mi familia era que no quería casarme con una mujer para "legalizarme" y convertirme en "ciudadano" porque yo era gay.

"Sino ang kinakausap mo sa telepono?", me preguntó Lola mientras iba al baño una noche, tarde, tiempo después de descubrir lo de la falsa identidad y todas las mentiras que me habían traído aquí. ("¿Con quién hablabas por teléfono?").

Ahora era mi turno de mentir.

"Es un amigo de la escuela", respondí en inglés. Había dejado de contestarles en tagalo. Era una forma de tomar el control, de adquirir independencia.

"Bakit ganoon ka magsalita?", me preguntó. ("¿Por qué estabas hablando de ese modo?").

"¿De qué modo?".

Estaba por abrir la puerta del baño cuando Lola me aferró la mano derecha para detenerme. Sus ojos se llenaron de lágrimas cuando me dijo: *"Apo ko, ayokong pumunta ka sa impiyerno"* ("Nieto, no quiero que vayas al infierno").

No dije palabra y entré en el baño. Me quedé adentro hasta que Lola regresó a su cuarto.

Como muchos adolescentes gay de fin de los noventa, descubrí que lo era gracias a las salas de chat *Men4Men* de America Online (AOL). A las 11 p.m., cuando todo el mundo estaba dormido, chateaba con toda clase de hombres: los abiertamente gay, los heterosexuales interesados en el tema, los que no habían salido del clóset, los casados, hombres de todas las edades. Algunas de esas conversaciones derivaron en llamadas telefónicas.

Mentía sobre mi nombre y mi edad. Decía que me llamaba Joey y que tenía veintiún años. Los hombres jóvenes y mucho más atractivos que yo perdían interés en hablarme una vez que describía cómo era, algo en lo que no mentía. Yo era regordete, como he sido desde niño; así que los únicos que realmente querían chatear, y posiblemente encontrarse conmigo, eran los de más de treinta o cuarenta años, en su mayoría casados y todavía en el clóset. No quería asustarlos diciéndoles que tenía dieciséis.

Estamos hechos de muchas partes. Dado que no sabía con quién hablar, o qué hacer, o qué pensar sobre mi parte "ilegal", aceptar mi parte gay me mantuvo vivo. Si no la hubiera aceptado tan temprano como lo hice, no sé qué habría pasado. Parte de mi autoaceptación vino de lo que leía, miraba y consumía. Nunca olvidaré el rostro brillante y sonriente de una mujer blanca en la tapa de la revista *Time* que vi en Wallgreens, no muy lejos de casa. Era abril de 1997. La imagen me golpeó como un camión. El título —"Sí, soy gay"— era como un faro luminoso. El nombre de la mujer era Ellen DeGeneres.

Ver a Ellen en esa tapa de *Time* me causó un gran impacto. Ofrecía su verdadero nombre, una cara humana, una historia específica. Compré la revista y la escondí en mi mochila entre mis libros de Álgebra y Química, temeroso de que alguien de la escuela la viera y me descubriera.

Pero el pico de euforia que me produjo la historia de Ellen fue seguido por el bajón trágico del asesinato de Matthew Shepard.

Estudiante de la Universidad de Wyoming, Shepard fue golpeado con una pistola, atado a una reja y abandonado a su suerte en octubre de 1998. El asesinato de Shepard provocó titulares internacionales y hasta captó la atención de Lola. Cuando me preguntó si había oído del estudiante que había sido asesinado por ser *bakla* (gay), asentí y seguí de largo.

No hay nada malo en ser gay.

No sé exactamente cuántas veces me repetí eso, como una suerte de himno personal, durante los meses siguientes. No hay nada malo en ser gay. Me lo dije tantas veces como para que el 27 de mayo de 1999 terminara soltándolo en voz alta mientras estaba sentado en el fondo del aula 102 durante la clase de Historia Americana.

El Sr. Farrell nos acababa de enseñar un documental sobre Harvey Milk, el primer concejal de la ciudad de San Francisco abiertamente gay, quien había sido asesinado a tiros en 1978. Se disponía a abrir el debate cuando levanté la mano y les dije a todos mis compañeros: "Soy gay".

Algunos se dieron vuelta. Una estudiante de nombre Anna se puso a llorar y nos contó sobre su tío gay. Aunque advertí cuán incómodos estaban algunos, recuerdo que me sentía muy bien, como si hubiera abierto una ventana y dejado entrar la luz en un cuarto muy oscuro —un cuarto dentro de mi cabeza.

Tras ese anuncio, me convertí en el primer estudiante abiertamente gay de Mountain View High School. La declaración provocó más tensión con Lola y especialmente con Lolo. Católicos, veían la homosexualidad como un pecado. Lolo se sentía avergonzado de tener *ang apo na bakla* ("un nieto que es gay"). Igualmente preocupante era que me estaba haciendo las cosas más difíciles, me dijo. Me repitió su plan: casarme con una ciudadana americana y "legalizarme".

"No lo voy a hacer", le dije al sentarme a su lado en el Toyota Camry. Pasaron los minutos; el aire se hizo más y más denso. Permanecimos en silencio hasta que se detuvo frente al garaje.

Con el motor todavía en marcha y las dos manos sobre el volante, me dijo: "*Bahay ko ito*" ("Esta es mi casa").

"*Hindi pwede ang bakla sa bahay ko*" ("Ser gay no está permitido en mi casa").

"No soy de tu propiedad", repliqué.

Detuvo el motor. Antes de abrir la puerta, dijo: "*Wala kang utang na loob. Umalis ka dito*" ("Eres un desagradecido. Vete de aquí").

Me fui, con mi mochila y apenas veinte dólares en la billetera. Caminé hasta el Safeway más cercano y encontré un teléfono público. Llamé a "Peter", uno de esos hombres mayores que había conocido en AOL. Habíamos chateado durante unas semanas antes de encontrarnos en un café del centro de Mountain View. Le pregunté si podía quedarme en su casa. Cuando dijo que sí, tomé dos autobuses para llegar a su bungaló en Willow Glen, un barrio residencial de San José.

Peter tenía treinta y ocho años. Había estado casado durante unos años antes de decidirse a obtener el divorcio; había aceptado que necesitaba salir del clóset. Teníamos un arreglo: yo necesitaba un lugar donde quedarme durante un par de semanas y él necesitaba compañía.

Algunos dicen que se aprovechó de mí.

Yo diría que me aproveché de él.

SEGUNDA PARTE

Pasar por

1.
Representar un rol

Me tragué la cultura americana antes de aprender a masticarla.

Ser americano era un rol que tenía que representar en una obra de teatro que me inventé después de enterarme de que se suponía que no debería estar en América.

Hablar como americano.

Escribir como americano.

Pensar como americano.

Pasar por americano.

A los dieciséis años, yo era el actor, productor y director de la obra, y encarnaba un personaje que había perfeccionado con la ayuda de una pantalla de televisor de 14 pulgadas, un VCR, un reproductor de casetes y de CD y las membresías de la Biblioteca Pública de Mountain View y de la Biblioteca de Los Altos. Aunque había bibliotecas en Filipinas, no recuerdo haber ido a una. Aquí, las bibliotecas eran mi iglesia y yo les era muy devoto. Entre las dos —una, con una extensa colección de películas norteamericanas; la otra, vanagloriándose de contar con todos los CD que uno quisiera escuchar—, mi educación fue completa. Lolo compró la televisión por treinta y cinco dólares en una venta de garaje y, como regalo de cum-

pleaños, Lolo y Lola me compraron un flamante VCR que
podía grabar programas de televisión.

Lo que veía en la televisión me animaba a buscar ciertas películas, cierta música, libros, revistas y periódicos. La
primera fuente de confusión fueron las revistas, exhibidas
prominentemente en ambas bibliotecas. No comprendía la
diferencia entre *Time*, *Newsweek*, *The New Yorker*, *The New
Republic*, *The Atlantic* y *Commentary*, como no comprendía
qué diferenciaba un canal de TV de otro. Tratar de entender
el conflicto israelí-palestino, que dominaba los titulares de ese
tiempo, aumentó la confusión; tenía dificultades para asimilar
lo qué pasaba.

En Filipinas no existe nada similar al invierno, así que me
sentí inmediatamente atraído hacia el patinaje sobre hielo. No
podía creer que se pudiera dar vueltas y saltar sobre una cu-
chilla de un cuarto de pulgada. La saga de Nancy Kerrigan y
Tonya Harding popularizó el deporte; había una competición
cada fin de semana. Antes de que los patinadores comenzaran
sus "números", la TV indicaba en grandes letras la música a
cuyo compás se movían. El patinaje fue lo que me llevó a escuchar a Rachmaninoff, Beethoven, Mozart, etc. ¿Sabían que
hay dos versiones de *Romeo y Julieta*: la de Tchaikovsky y la
de Prokofiev? Pedía todo en la biblioteca; era gratis. No podía
creer que fuera gratis. Escuchar rap y *hip-hop* mientras intentaba entender a Alanis Morissette y a Joni Mitchell fue mi
pasaporte a la América blanca *y* negra; pensaba que si podía
entender con fluidez ambas culturas, hablar en las dos len-
guas, nadie me preguntaría de dónde era y cómo había venido
a dar aquí (me llevó un tiempo descubrir que tanto Alanis
como Joni eran canadienses). Fue en los noventa que comenzó

el ascenso del *hip-hop* hasta convertirse en el género musical más popular, particularmente entre los jóvenes. Me convencí de que recitar las letras de cada una de las canciones de Lauryn Hill y Tupac Shakur era prueba de mi americanidad. Cuando oí hablar de algo llamado música *country* y no pude encontrarla en las bibliotecas, me fui a Tower Records y escuché canciones de Garth Brooks y Dolly Parton.

Para mí, las películas eran como una expedición, una forma de ver cuán vasto era el país. En el lapso de unas pocas semanas vi *Buenos muchachos*, *Hanna y sus hermanas*, *Haz lo correcto* y *Secretaria ejecutiva*. Quedé anonadado cuando supe que todas habían sido filmadas en un lugar llamado Nueva York. ¿Cómo podía la Nueva York de Martin Scorsese ser la misma que la de Woody Allen, que a su vez no era la misma que la Nueva York de Spike Lee o la Nueva York de Mike Nichols? Así fue como descubrí lo que era la perspectiva. Después de ver *La decisión de Sophie*, *Silkwood*, *África mía* y *Un grito en la oscuridad*, le pregunté a la bibliotecaria: "¿Hay más de una Meryl Streep?".

Mirar televisión era un tipo de inmersión cultural diferente. *TV Guide* (TV Guía), una revista que compraba en la tienda de comestibles, era para mí como la Biblia. De la televisión tomé todas las expresiones y manierismos. Aprendí cómo usar *cool beans* (¡macanudo!) viendo *Full House*. Para actuar, hablar y pasar como americano, estudié cada programa que podía ver, desde *Frasier* hasta *Roseanne*, de *The Fresh Prince of Bel-Air* a *The West Wing*. Apropiarme del modo en que hablaban Charlie Rose y Bill Moyers en PBS mientras escuchaba a Tupac y Lauryn en mi reproductor de CD me alejaba más que ninguna otra cosa del filipino "ilegal" de acento marcado.

The Rosie O'Donnell Show y *The Oprah Winfrey Show*, dos programas que se transmitían uno después del otro por las tardes de lunes a viernes, abrieron las puertas de mi imaginación. El show de Oprah me hizo conocer a escritores como Maya Angelou, Wally Lamb y Toni Morrison —oh, cómo amaba Oprah a Morrison, cuyos libros elegía a menudo para su club de lectura. Yo me sentía atraído por Angelou porque se parecía en algo a Lola, ambas tenían el mismo timbre de voz grave y profundo. Casi todos los días, el programa de Rosie presentaba a alguien de Broadway, incluida la actriz y cantante Audra McDonald, cuyo registro de voz era tan amplio —balanceándose y elevándose, revolcándose y lamentándose— que su voz parecía saltar de la pantalla a mi habitación.

No sabía qué era Broadway o en qué se diferenciaban los Premios Tony de los Oscars o los Emmys, pero por McDonald grabé los Tony de 1998, cuya presentadora fue Rosie. A los veinte minutos, justo cuando trataba de descifrar la diferencia entre "Mejor Revival de Una Obra" y "Mejor Obra Nueva", O'Donnell presentó un número musical llamado *Ragtime*.

Mientras sonaba una sencilla melodía, un joven tomó el centro de la escena. Luego se le unieron su padre y su madre, y otros hombres y mujeres blancos de un lugar llamado New Rochelle, Nueva York. Cantando, describían unas tardes apacibles en un lugar tranquilo, donde "no había negros".

Un momento después, la música cambiaba a un tono sincopado, y un grupo de negros bailaba en el centro de la escena y cantaba: "¡Y todo era *Ragtime*! ¡Escuchen el *Ragtime*!".

Luego, uno de ellos, sentado frente al piano, se adueñaba de la escena. Decía: *"Allá en Harlem, la gente bailaba una música que era suya y de nadie más. El sonido era de cambio. La música de un futuro mejor"*.

Entonces, los blancos, del otro lado del escenario, se adueñaban de la melodía y repetían su evocación de un mundo apacible, libre de negros e inmigrantes.

La música volvía a cambiar, sugiriendo la llegada de algo misterioso, mientras un nuevo grupo de gente —inmigrantes— ocupaba el centro del escenario. Un hombre de barba con un acento que no podía identificar decía:

Venían de a miles de la Europa del Este y del Oeste.
Ningún sueño era demasiado grande.

Mi mente lo procesaba todo a gran velocidad mientras blancos, negros e inmigrantes se amontonaban en el escenario y cantaban a coro varios versos que detallaban cómo el ritmo del Ragtime había contagiado a una nación en su plenitud.

Luego, se desparramaban para reunirse de nuevo en grupos separados que se iban a diferentes rincones del escenario mientras la melodía se volvía disonante y discordante. El número se cerraba con los blancos en el centro, los negros a la izquierda y los inmigrantes a la derecha, todos cantando juntos: ¡Ragtime! ¡Ragtime! ¡Ragtime!

Vi este número musical tantas veces que gasté la cinta. Los "inmigrantes" no parecían mexicanos ni filipinos ni chinos ni indios ni paquistaníes —lo que la gente usualmente piensa cuando oye la palabra "inmigrantes". No fue hasta que vi esa

52   Jose Antonio Vargas

actuación que comprendí que los blancos también habían sido inmigrantes, también habían venido de alguna parte: Irlanda, Alemania, Italia, Letonia, Rusia, etc. Mi obsesión con *Ragtime* me llevó a descubrir las obras de Oscar Hammerstein, Richard Rodgers, Irving Berlin, George Gershwin y Stephen Sondheim —todos ellos, según me enteraría, descendientes de inmigrantes o inmigrantes. *Ragtime* conectaba los puntos que yo ni sabía que existían, permitiéndome comprender la historia americana una manera que mis libros de texto no explicaban. Aprendería que, excepto los pueblos originarios, cuyas tribus ya estaban aquí antes de que los colonos y Peregrinos desembarcaran, y los afroamericanos, que fueron arrancados de sus hogares e importados a este país como esclavos, todos eran inmigrantes. No sabía qué documentos habían tenido, o si los habían necesitado, o si alguna vez fueron considerados "ilegales" también, pero los blancos eran inmigrantes como mi familia. Después de investigar un poco en las bibliotecas, descubrí que *Ragtime* estaba basada en la novela de E. L. Doctorow, que contaba la cambiante historia de América a través de personajes de ficción y personalidades reales de principios de siglo xx. Cada vez que pasaba la cinta, cada vez que escuchaba la canción, me preguntaba dónde encajaban los latinos, asiáticos, africanos, caribeños y las personas del Medio Oriente —los nuevos inmigrantes de las últimas décadas—, en ese escenario y en la historia americana. ¿Dónde encajaban mis amigos mexicanos? ¿Dónde encajábamos Lolo, Lola y yo, si acaso encajábamos?

Hablábamos *taglish* en casa, una combinación del tagalo de Lolo y Lola y de las respuestas que les daba en inglés. Con excepción de las noticias locales de las 11 p.m., Lolo y Lola solo veían el *Filipino Channel*, la cadena de cable que pasaba programas de Filipinas. A veces yo los miraba con los demás, pero más a menudo me quedaba en mi cuarto.

La única vez que vi una película de Hollywood protagonizada por gente que se parecía en algo a mi familia fue cuando vi *El Club de la Buena Estrella*, que según supe después, estaba basada en una novela de la escritora china Amy Tan. Escogí la película en una tienda de vídeos, atraído por la cubierta con las caras sonrientes de cuatro mujeres asiáticas y una despampanante toma del Puente Golden Gate. Renté el vídeo y lo vi esa noche, tarde, en la sala, mientras todos dormían. Después de un mes de vivir con Peter había regresado a la casa de Lolo y Lola. Hicimos las paces, por más incómodo que nos resultara a todos. Pero el silencio era demasiado denso y contaminaba el aire ya de por sí sofocante de la casa.

Compartíamos un solo baño. Esa noche, Lola lo usó y, al salir, me vio en la sala. Se sentó en el lado opuesto del sofá. No nos dijimos una palabra. *El Club de la Buena Estrella* fue la primera película americana que vimos juntos. No estoy seguro de cuánto entendió ella de las historias cruzadas de esas cuatro mujeres que habían emigrado a los Estados Unidos en busca de una mejor vida. Pero entendió lo suficiente para echarse a llorar cuando uno de los personajes, Lindo, lloró al explicar su amor por Waverly, su hija nacida en América. Acabé observando a Lola mientras miraba la película, pensando en cuánto había renunciado para venir aquí, y lo poca que podía ver a su propia hija. En ese momento comprendí que no solo yo extrañaba a mi madre. Pero yo era demasiado egoísta para darme cuenta, estaba demasiado absorto en mi propia pena.

En esos primeros años, pasar por americano implicaba

rechazar todo lo filipino, al menos exteriormente. Lola se burló cuando, a su pregunta en tagalo, "Saan ka pupunta?" ("¿Adónde vas?"), respondí en inglés: "Voy a la biblioteca".

Pasar por americano era mi modo de ejercer control sobre una vida en la que había perdido el control. No había sido mi decisión venir, comprar documentos falsos y mentir para entrar. Pero aquí estaba. Sentía que al menos tenía que definir qué clase de americano iba a ser y qué clase de conexiones culturales iba a establecer, lo que decidiría qué clase de máscara iba a ponerme.

2.

Mountain View High School

Escribir para periódicos me atrajo en el momento exacto en que descubrí que mi nombre encabezaría los artículos: "por Jose Antonio Vargas", aparecería impreso sobre un pedazo de papel, visible y tangible.

No hay escritores en mi familia, ni del lado de mi madre ni del lado de mi padre. En Filipinas somos una familia de campesinos, enfermeras, cocineros, contadores, trabajadores de la construcción, veteranos de la Marina de los Estados Unidos.

Entré en el periodismo gracias a una maestra de la escuela secundaria.

"Haces demasiadas preguntas molestas", me dijo la Sra. Dewar.

Una *hippie* (según su propia definición) cuarentona y de voz sensual, la Sra. Dewar enseñaba redacción a estudiantes de segundo año como yo, pero era consejera desde hacía años del *Oracle*, el periódico estudiantil. Había tenido sus propias, tempranas aspiraciones de convertirse en periodista. Fue ella quien me avisó de un campamento de verano de periodismo en San Francisco State University, su *alma mater*. Duraba dos semanas y era gratis para periodistas que provenían de "minorías". Cuando le pregunté qué hace un periodista, bromeó: "Es para gente irritante como tú, que ama hacer preguntas".

Para mí, era, primero, una forma de rebelarme e independizarme, una forma de rechazar la estrategia de Lolo de conseguir empleos sin papeles hasta que encontrara una mujer con la que casarme y convertirme en ciudadano.

Segundo, y más importante, escribir era una forma de existir: existir a través de la gente a la que entrevistaba y las palabras que escribía, mientras lidiaba con la cuestión de dónde debería estar físicamente. Escribir era también una forma de pertenecer, una forma de contribuir a la sociedad mediante un trabajo que prestaba un servicio público, la antítesis del estereotipo que dice que los "ilegales" están aquí para tomar, tomar, tomar. No lo entendía entonces, pero cuantas más historias reportaba y más personas entrevistaba, más me daba cuenta de que escribir era el trabajo más libre que podía hacer, sin tener que preocuparme de fronteras y documentos legales, dependiendo sobre todo de mi habilidad y mi talento. Sentía que reportar, entrevistar y escribir me ponía en una posición verdadera y a salvo de mi realidad cotidiana. Si no me consideraban americano porque no tenía los documentos correctos, hacer periodismo —escribir en inglés, entrevistar a americanos, darle un sentido a la gente y los ámbitos que me rodeaban— era mi forma de inscribirme en América. Al principio, era solo una forma de pasar por americano. Nunca esperé que fuera una identidad. Por sobre todas las cosas, escribo para existir, para hacerme visible.

De inmediato, el periodismo se convirtió no solo en una pasión, sino en la fuerza motora de mi vida. Todo lo demás, todos los demás, se convirtieron en algo secundario respecto a mi trabajo; incluso conseguir buenas calificaciones en la escuela. Si no tenía nada que ver con mi carrera de periodista, no lo hacía. Esa miopía me daba energía, me daba la *chutzpah* (el descaro), una palabra que aprendí en el programa de Rosie, para abogar por mí mismo. Tras regresar del curso de verano para "minorías", en su mayoría estudiantes latinos y negros de secundaria, llamé sin más al *View Voice*, el periódico semanal comunitario, y a pura labia me gané una pasantía no pagada; estaba desesperado por conseguirla. Durante las primeras semanas, se trataba solo de contestar el teléfono y comprarle café al editor en jefe, un hombre sobrecargado de trabajo llamado Rufus Jeffris. Pero cuando se produjo un incendio a tres calles de donde yo vivía y no había otro periodista para cubrirlo, me lo asignó. Mi primera historia de primera página fue sobre el incendio en la calle Farley.

"Trozos ennegrecidos de ropa, cuidadosamente apilados en una esquina de su jardín, fue todo lo que Mitch y Linda Radisich lograron salvar de su casa en el 1151 de la calle Farley después de que el fuego la redujera a cenizas el 16 de junio", decía el "encabezado" (la primera oración) de mi artículo, que ocupó un tercio de toda la primera página. Estaba orgulloso de ese encabezado; sobre todo de "salvar" y "reducir a cenizas". Según aprendí enseguida, escribir noticias, especialmente de último momento, dependía de los verbos, de la acción.

"Anong ginagawa mo?" ("¿Qué haces?"), exclamó Lolo cuando vio mi nombre en la primera página del *Voice*.

"Bakit nasa diyaryo ang pangalan mo?" ("¿Por qué está tu nombre en el periódico?").

Cuanto más enojado se ponía Lolo, más independiente me sentía. No necesitaba su aprobación. E incluso si la hubiera necesitado, no me la habría dado.

Lolo tuvo que preguntarme qué significaba "ennegrecidos".

"Masyado ka nang nagiging sosyal", comentó. ("Te estás poniendo rebuscado").

Rebuscado o no, hice un deliberado esfuerzo por mantenerme tan ocupado como podía. Cuanto más lleno mi horario, cuantas más actividades me comprometía a hacer, menos tiempo me quedaba para pasar en casa. Estar en casa me recordaba mis limitaciones; estar en la escuela me abría posibilidades. Además de escribir tanto para el *Voice* como para el *Oracle*, cantaba en un coro, competía en torneos de discursos y debates, actuaba y dirigía musicales y obras de teatro y fui elegido por el consejo estudiantil para representar sus intereses en la junta escolar. Era tan omnipresente en la escuela que maestros, administradores y padres me conocían.

No les avisaba a Lolo y a Lola sobre las reuniones con los maestros ni cuando los padres y guardianes estaban invitados a visitar la escuela. En cambio, me representaba a mí mismo. Era más fácil así.

"¿Nunca te vas a casa?", me preguntó una noche Pat Hyland, la directora de la escuela, después de una práctica de discursos y debates. Dado que probablemente era el estudiante más ocupado de los que no conducían carro, mis compañeros y el personal de la escuela ayudaban a transportarme, incluida Pat. De pelo corto e ingenio veloz, Pat fue la primera miembro de la generosa comunidad de desconocidos que a lo largo del tiempo jugarían roles esenciales en mi vida. Cada vez que me llevaba a casa su carro, nos deteníamos a comprar *lattes* en Starbucks, en la calle El Camino Real.

El Camino Real es la carretera que atraviesa la península al sur de San Francisco. Divide comunidades por clase y raza, y separa las escuelas mediocres de las realmente buenas. Los residentes al Este generalmente estaban en el nivel inferior de la escala económica y eran en su mayoría jornaleros o empleados de servicios. Los del Oeste, especialmente las secciones occidentales de Mountain View y las localidades cercanas, Los Altos y Los Altos Hills, ganaban mucho más dinero, eran profesionales y empresarios del mundo tecnológico que habían logrado hacer efectivas sus ganancias y se sentían cómodos comprandoles convertibles BMW y Mercedes-Benz a sus hijos. Los padres de estudiantes pudientes eran generosos con muchos estudiantes de familias trabajadoras como la mía, y pagaban las excursiones sin hacer preguntas. Hasta hoy no sé cuánto gastaron Sandie y Art Whipple —con cuya hija Ashley, yo cantaba y actuaba— para asegurarse de que yo fuera a este o aquel viaje. Algroien pagaba las matrículas de las competiciones de discursos, sin que se supiera nunca quién había pagado qué. Karen Keefer, quien met preparaba para esas competiciones, costeaba regularmente lo que yo no podía pagar. En la mayor parte de los casos, yo no sabía a quién dar las gracias porque nadie necesitaba o quería que se las diera. ¿Suena demasiado bueno para ser cierto? Quizás lo era. Sin embargo, yo fui producto de esa comunidad. A veces me pregunto qué habría pasado si no hubiera asistido a una escuela relativamente pudiente en una comunidad privilegiada.

Poco después de que nos conocimos, Pat me presentó a Rich Fischer, su jefe, el superintendente del distrito escolar. Aunque era el funcionario de mayor rango en la escuela, le restaba importancia a su autoridad. Era amistoso y accesible, y por lo general andaba por la escuela hablando con estudiantes y maestros. "No me llames Sr. Fischer", me dijo durante nuestro primer encuentro. "Soy Rich". Yo me sentía más cómodo entre maestros y administradores que con mis compañeros. En parte, porque había sido forzado a crecer de golpe y a tener ambiciones de adulto, que parecían más importantes que conseguir buenas calificaciones y entrar en una buena universidad. Tenía que ocuparme de mí mismo. Y en parte porque cada vez que estaba con adultos que no eran de la familia, me convertía en el centro de atención. Se conectaban conmigo de formas en que mis abuelos no se conectaban, o no podían hacerlo.

Fui elegido representante estudiantil en la junta escolar, lo que implicó que pasara más tiempo con Rich. Después de una función de *Lend Me a Tenor* en la que hice el papel de un botones y a la que asistieron él, su esposa Sheri y su nieta Alexis, Rich comenzó a interesarse en mí. Mary Moore, la asistente de Rich desde hacía años, programaba almuerzos cada dos semanas para que nos pusiéramos al día. Los almuerzos derivaron en cenas, y llegué a conocer tanto a Rich como a Mary, cuya relación con Rich era más de hermanos que de jefe y secretaria. Eran como una familia y me trataron como un miembro más. A lo largo de los años, Mary me ha escrito más tarjetas de felicitaciones —por cumpleaños, fiestas y convalecencias— que nadie que haya conocido. Mary me presentó a su hija Daisy y a su hijo C. J., ambos más o menos de mi edad.

Me hice amigo de muchos otros adultos, incluidas Judy Hannemann y Susan Sweeley, que formaban parte de la junta escolar.

"Siempre hay un momento en la infancia", escribió Graham Greene, "en que la puerta se abre y deja entrar el futuro". A medida que pasaban los años, Pat, Rich, Sheri, Alexis, Mary, Daisy, C. J., Susan y Judy, entre otros, fueron las personas que, cuando las puertas estaban cerradas, encontraron ventanas y trataron de abrirlas para mí. Lo hicieron porque podían, pero, más importante, lo hicieron porque querían.

3.

Una familia adoptiva

"¿Qué quieres decir con que no irás a la universidad?", preguntó Pat. Estábamos en nuestra parada habitual en *Starbucks*. Se había estado preguntando por qué no había dicho palabra sobre mis planes universitarios. Era el final de mi penúltimo año, el *junior year* —el momento de volverse loco con los exámenes de admisión y de planear las visitas guiadas a posibles universidades.

Le dije que no pensaba ir. Que tenía un trabajo ya en vista para después de la escuela, cubriendo el ayuntamiento y escribiendo largos artículos para el *Voice*, que me pagaría veinticinco dólares por cada uno —una cantidad considerable. Traté de sonar orgulloso de mi plan, aunque me sentía derrotado. La universidad había dejado de ser una opción desde que descubrí que estaba en el país ilegalmente y que no podía pedir ayuda financiera. Pero no podía confesárselo: no se lo había dicho a nadie, excepto a la Sra. Denny, la maestra de coro. Cada primavera, el coro se iba de gira. Al principio de este, mi penúltimo año, la Sra. Denny anunció que viajaríamos a Japón. La llevé a un rincón del aula donde nadie podía oírnos.

—Sra. Denny, no puedo ir a Japón.

—¿Qué quieres decir?

—No tengo documentos.

—¿De qué estás hablando? —Pensó un momento—. Te conseguiremos los papeles.

—No, no, no entiende. —No sabía qué palabras usar, o si podía confiarle la información. Todo lo que pude decir fue—: No tengo el pasaporte correcto. No tengo la *green card* correcta.

Los ojos de la Sra. Denny se abrieron como cortinas y dejó caer los hombros. Lo único que logró articular fue un "Oh".

Al día siguiente, sin aviso, le anunció a toda la clase que el plan había cambiado: en lugar de a Japón, iríamos a Hawái. No recuerdo si mis compañeros estaban desilusionados o enojados. Pero nunca olvidaré la razón que me dio años más tarde la Sra. Denny, cuando le pregunté por qué: "No iba a dejar atrás a uno de mis estudiantes".

Todos los adultos que conocí en Mountain View High School querían asegurarse de que no fuera dejado atrás. Muy pronto todo el mundo comenzó a interrogarme sobre mis planes universitarios, entre ellos Gail Wade, la madre de una de mis amigas más cercanas, Nathalie. Gail y yo nos conocimos cuando me representaba a mí mismo en una velada de padres y maestros. Nuestro amor por la patinadora rusa Maria Butyrskaya nos acercó, tanto que comenzó a referirse a sí misma como mi "madre judía". Su casa estaba a unas pocas calles de la escuela; Gail enseñaba Francés en una escuela vecina. A veces, durante el almuerzo, nos encontrábamos en su casa y mirábamos competiciones de patinaje.

Sin darme cuenta, estaba reemplazando a Mamá —con

la cual apenas si hablaba en esa época— con Pat, Sheri, Mary y Gail. No podía hablar con mi propia madre, pero coleccionaba sustitutas.

Finalmente tuve que decirles la verdad. No tenía idea de cómo reaccionarían. Una a una les expliqué lo de la *green card* falsa, el pasaporte falso, por qué tenía que pedir ayuda para ir y volver de la escuela, por qué la universidad no era una opción.

"Ah, ahora entiendo por qué no conduces", comentó Rich. "No podía entenderlo".

Eran las primeras semanas de 2000, más de un año antes de que fuera presentada en el Congreso la ley conocida como *DREAM Act*, por *Development, Relief, and Education for Alien Minors* (Ley de fomento para el progreso, alivio y educación para menores extranjeros), que les ofrecería un camino hacia la legalización a los niños traídos a los Estados Unidos de forma ilegal. Todavía no existían los *Dreamers,* y nadie era llamado "indocumentado". Maestros y educadores, especialmente en comunidades más pudientes como Mountain View, carecían de experiencia en el tema, y mucho menos sabían qué hacer con alguien como yo.

Por separado, Pat y Rich consultaron el asunto con abogados; sus familias consideraron adoptarme. También Mary y Gail pensaron en la adopción. Pero era demasiado tarde: los abogados les explicaron que, como ya había pasado los dieciséis años, la adopción no arreglaría el problema. Según ellos, Lolo y Lola habrían podido adoptarme antes de esa edad —si hubieran sabido que era una opción. Aunque ambos eran ciudadanos, desconfiaban de los abogados y le temían al sistema legal estadounidense. La hija de Mary, Daisy, se ofreció a casarse conmigo aunque sabía que era gay. Decliné cariñosamente.

En esa época me sentía desconectado de Lolo y Lola, y no sabía cómo procesar toda esta información. Estaba demasiado insensibilizado para sentir ira o pena. Me sentía tan avergonzado —de mí, de Lolo y Lola, de la situación que se había creado y que no sabía cómo resolver—, que ni me molesté en presentárselos a la nueva familia que había encontrado en Mountain View High School. Era demasiado joven para comprender que el sueño que Mamá, Lolo y Lola habían soñado para mí había sido dictado por sus propias realidades, por la idea que tenían de sus limitaciones: la América que soñaban para mí no era la América que yo me había creado.

Aunque no podían adoptarme, mis mentores estaban decididos a encontrar la forma de enviarme a la universidad. Lo lograron: hallaron un programa de becas que no preguntaba o se interesaba por el estatus migratorio, fundado por un inversor llamado Jim Strand, cuyos hijos asistían al mismo distrito escolar que el mío. Recibí una beca universitaria de cuatro años. Jim, taciturno y quedo, se encontró conmigo en el Peet's Coffee del centro de Los Altos. Me dijo que no había criterio alguno para la beca: no le importaba si yo tenía papeles o no. Lo único que importaba era que yo realmente quisiera ir a la universidad y que necesitara ayuda. "Muchas gracias", le dije, e insistí en pagarle su café helado. Había elegido San Francisco State, donde había hecho el campamento de verano que inició mi carrera periodística. Pero esa no era la única razón. Después de descubrir que mi *green card* era falsa —que el Número de Registro de Extranjero *(Alien Registration Number)* que figuraba en ella no era mío—, no quería ser asociado con ningún número. Así que, a diferencia de la mayoría de mis compañeros (si no todos) que iban a la universidad, no hice los exámenes de admisión, los SAT. A San Francisco State no le importaban los resultados de los SAT siempre que mi promedio de calificaciones fuera superior a 3,0. Dado que ya tenía una carrera, al menos en mi cabeza, no le prestaba mucha atención a mis calificaciones. Afortunadamente, terminé con un promedio de 3,4.

Fui, así, el primer beneficiario de lo que ahora se conoce como *MVLA Scholars*. Jim donó un millón de dólares durante cinco años para lanzar la beca, y otros padres y filántropos la han continuado financiando desde entonces. Desde su creación, hace dieciocho años, más de 350 estudiantes han recibido ayuda del programa. De acuerdo con sus administradores, todos ellos voluntarios, alrededor de un 98% de los 137 estudiantes actualmente becados son los primeros de sus familias en asistir a una universidad en los Estados Unidos. De esos 137 estudiantes, 36 son indocumentados. Junto con Jim, ahora soy parte de la junta consultora del programa.

4.
Violar la ley

La primera vez que violé la ley deliberadamente estaba sentado en una sala de reuniones en el tercer piso de la sede del *San Francisco Chronicle*.

Era la primavera de 2000. Estaba a punto de graduarme de la escuela y planeaba mudarme a San Francisco para ir a la universidad. Una periodista llama Teresa Moore, que había editado algunos de mis artículos en una revista juvenil, sugirió que obtuviera una trabajo de aprendiz en el *Chronicle*, donde ella era reportera. Contestaría el teléfono y repartiría el correo y los faxes, aunque también podría proponer artículos. Una vez dentro, estaba dentro. "No hay nada como trabajar en una gran sala de redacción", me dijo.

Antes de poder decir que no —antes de que me atreviera a explicarle a Teresa que no tenía los documentos para trabajar—, me hallé en el interior del edificio llenando un formulario de empleo. Hasta entonces sólo había trabajado como voluntario o por contrato temporario, nada serio —ciertamente nada que hubiera exigido documentos legales. Desde mi descubrimiento en el DMV, evitaba hablar de esos documentos tanto como evitaba hablar sobre conducir. Nunca antes había llenado un formulario de empleo.

El formulario preguntaba mi nombre completo, mi domicilio, fecha de nacimiento y número de teléfono. Esa era la parte fácil.

Después venían dos frases pavorosas, ambas en negrita. La primera:

☐ **I am aware that federal law provides for imprisonment and/or fines for false statements or use of false documents in connection with the completion of this form.** (Soy consciente de que la legislación federal prevé prisión y/o multas por declaraciones falsas o por el uso de documentos falsos en relación con las respuestar de este formulario).

La segunda:

☐ **I attest, under penalty of perjury, that I am (check one of the following boxes)** (Atestiguo, bajo pena de perjurio, que soy [marque una de las siguientes casillas]):

Las casillas venían debajo:

☐ **A citizen or national of the United States** (ciudadano o tengo nacionalidad estadounidense)
☐ **A lawful permanent resident (Alien #)** (Residente legal permanente)
☐ **An alien authorized to work until (Alien # or Admission #)** (Un extranjero autorizado a trabajar hasta)

Yo no soy un "residente legal permanente". Tampoco soy un "extranjero autorizado a trabajar". Mi "número de registro de extranjero", el número de la falsa *green card* que Lolo había comprado para mí, pertenecía a otra persona. No sabía si esa persona estaba viva o muerta, ni en qué riesgo la ponía si usaba su número. Odiaba no saber lo que no sabía y que pudiera llegar a causarle daño a alguien. La única opción que me quedaba era la primera, que no era realmente una opción, porque no soy ciudadano norteamericano, ni por nacimiento ni por ley. Más tarde sabría que, bajo la sección 18 USC § 911 del Código Legal, es una "ofensa criminal suplantar de manera falsa y deliberada a un ciudadano de los Estados Unidos". Más aún, "quien quiera se presente de manera falsa y deliberada como ciudadano de los Estados Unidos será multado según esta ley o encarcelado por no más de tres años, o ambos".

Pero quería el trabajo.

Significaba la independencia de Lolo y Lola, de Mamá.

Necesitaba ese trabajo.

Mientras un par de gotas de sudor manchaban el formulario, marqué la primera casilla. Sonará ingenuo, pero recuerdo que pensé: *Sí, estoy mintiendo. Pero me voy a ganar esta casilla.*

No recuerdo cuántas veces me dije: me voy a ganar esta casilla.

Siempre recuerdo a los que dicen que las personas como yo tenemos que "ganarnos" la ciudadanía.

Cómo iba a ganármela exactamente, no tenía idea. Lo que sí sabía, en cambio, era que las mentiras de Lolo eran ahora mis mentiras. Ya no era el niño inocente que ignoraba en qué circunstancias había llegado a América. Ahora era un joven de diecinueve años que tomaba una decisión difícil y necesaria para sobrevivir, que implicaba violar la ley.

¿Qué debería haber hecho? ¿Trabajar bajo cuerda? ¿Mantenerme debajo del radar? ¿No trabajar?

¿Qué casilla tendría que haber marcado?

¿Qué han hecho ustedes para ganarse esa casilla?

Además de haber nacido en cierto lugar, en cierto momento, ¿han tenido que hacer algo?

¿O nada?

Si querían una carrera, una vida, si querían existir como seres humanos, ¿qué habrían hecho ustedes?

5.

La gran narración

"El problema de vivir fuera de la ley", escribió Truman Capote, "es que te quedas sin protección".

Nunca me sentí protegido por la ley.

No entendía por qué la ley era como era.

Para pasar por americano tenía que cuestionar la ley. No sólo violarla, o eludirla, sino cuestionarla. Tenía que examinar cómo se creaban las leyes, cómo la ilegalidad debe ser vista a través del prisma de quienes definen qué es legal y para quién. Tenía que comprender que a lo largo de la historia americana la legalidad ha sido siempre una construcción del poder.

Linchamientos, tomas violentas de tierras aborígenes, la prohibición del voto a las mujeres —todo ello fue legal. Hasta muy recientemente, el matrimonio entre personas del mismo sexo no solo era considerado inmoral: era también ilegal. "Separados pero iguales" era legal. *Jim Crow* era la ley imperante.

En 1954, agentes fronterizos aparecieron sin aviso en granjas de cítricos, ranchos de ganado y fábricas con el objetivo de deportar a tantos mexicanos como fuera posible. La

"Operación Espalda Mojada" (*Operation Wetback*), como la llamaron, era enteramente legal.

Las primeras personas que poblaron estas tierras, los nativo-americanos, no fueron considerados ciudadanos de los Estados Unidos hasta 1924, cuando se aprobó la Ley de Ciudadanía de los Indios (*Indian Citizenship Act*).

La Ley de Exclusión de los Chinos (*Chinese Exclusion Act*) de 1882, la primera ley promulgada para evitar que un grupo étnico específico migrara a los Estados Unidos, no fue derogada hasta 1943.

La Ley de Naturalización (*Naturalization Act*) de 1790, el primer conjunto de leyes que lidió con el tema de la ciudadanía en nuestro país, indicaba que el solicitante tenía que ser "una persona blanca libre" de "buen carácter moral".

Tres años antes, en 1787, la Constitución exigía que los esclavos fugitivos fueran devueltos a sus propietarios. Esclavos negros.

Ahí estaba de nuevo: "blanco" y "negro".

No lo entendía así, pero estaba tratando de comprender la construcción de ese sistema binario, tratando de descifrar por qué "blanco" y "negro" se habían vuelto una obsesión para mí, acicateada aún más cuando leí *Ojos azules*, de Toni Morrison.

El libro me fue dado a leer en octavo grado, cuando me uní a un club de lectura organizado por el Sr. Zehner, que enseñaba Artes y Letras e Historia Americana. Un grupo básico de diez estudiantes asistía al club, que se reunía después del horario escolar. Entre ellos estaba Sabiha Basrai, la más inteligente de la clase. Sus padres, Rashida, diseñadora gráfica, y Farukh, cineasta, ambos inmigrantes de la India, me llevaban a menudo en su carro después de la escuela. En verdad, el club había sido idea de Farukh: había retado al Sr. Zehner a que les propusiera a sus estudiantes lecturas más exigentes. El Sr. Zehner nos asignaba cada mes un libro que consideraba provocador, polémico y por encima de nuestro nivel, aunque comprensible. Siguiendo esos criterios, en la lista figuraban desde *Siddhartha* de Hermann Hesse hasta *Sin novedad en el frente* de Erich Maria Remarque, o *Alguien voló sobre el nido del cuco* (también conocido como *Atrapado sin salida*) de Ken Kesey.

Ningún libro me motivó tanto como el de Morrison. *Ojos azules* era un rompecabezas: la forma en que empezaba, evocando la fotografía de Dick y Jane y Madre y Padre que había en unos libros de lectura para niños de los que yo nada sabía; la forma en que estaba estructurado: cuatro partes, una por cada estación del año; la forma en que Morrison revelaba la entera trama del libro en la primera página (Pecola Breedlove, la niña de once años en el centro de la historia, ha sido preñada por su propio padre; vivirá, pero su hijo morirá); la forma en que utilizaba el lenguaje, por ejemplo, las bastardillas que abren la narración. "En verdad, no hay nada más que decir —excepto *por qué*—", escribe Morrison. "Pero dado que es difícil lidiar con el *por qué*, hay que refugiarse en el *cómo*".

El "cómo" de la historia: Pecola oye que es fea, no atrae a nadie y nadie la quiere. Absorbe esa imagen de sí misma; tanto, que desea tener ojos azules.

El "por qué" de la historia me atormentaba. ¿Por qué Pecola deseaba ojos azules cuando tenía unos negros? ¿Quién le había dicho que debía quererlos? ¿Y por qué les creía?

Volvía a la historia una y otra vez, a extraer cuanto significado pudiera. En las páginas de *Ojos azules*, Pecola era un año menor que yo cuando llegué a los Estados Unidos. Nuestras vidas no podían ser más diferentes, excepto por un detalle crucial: a los dos nos habían mentido. La suya era la mentira de que los ojos azules eran mejores, que no era suficiente con cómo era ella.

No reconocí las mentiras que habían compuesto mi vida hasta un año después de leer el libro. Para entonces me había enterado de que no tenía documentos, de que era "ilegal". La palabra flotaba por todas partes. "Ilegales" era como nos llamaban en las noticias, en la televisión y la radio que escuchaba, en los periódicos que leía en la biblioteca de la escuela y las revistas con las que me quedaba absorto en las bibliotecas públicas. La palabra, descubrí, era más que una identificación, acarreaba un significado: el de todo lo que yo no podía hacer. Ser "ilegal" significaba que no podía conducir, como la mayoría de mis compañeros; ser "ilegal" se traducía en los límites que definían cómo era mi vida y cómo podía llegar a ser.

Mientras miraba la cadena PBS, me crucé con la repetición de una entrevista a Morrison realizada en la Biblioteca Pública de Nueva York por el periodista Bill Moyers. El programa se llamaba *A World of Ideas* (Un Mundo de Ideas). Quedé tan impactado que busqué la transcripción.

Moyers: No creo haber encontrado una criatura más patética en la literatura contemporánea que Pecola Breedlove... Abusada por sus—

Morrison: Todos.

Moyers: —padres, rechazada por sus vecinos, fea, sin pretensiones, sola. Al fin cayendo en la locura... Han

pasado años desde que leí la novela, pero todavía la
recuerdo.

Morrison: Ella se rinde completamente ante lo que llaman la
gran narración.

Moyers: ¿A la...?

Morrison: La gran narración. Quiero decir, la noción misma
de qué es la fealdad, qué es lo que carece de valor, qué es
el desprecio. Ella la recibe de su familia, de la escuela, de
las películas, de todas partes.

Moyers: La gran narración. ¿Qué es —es la vida?

Morrison: No, es la vida del hombre blanco. La gran
narración es cualquier guion ideológico impuesto por
la gente que posee la autoridad sobre todos los demás.
La gran ficción: la Historia. Tiene un punto de vista
determinado. Así que cuando estas niñas ven que lo más
valioso que pueden recibir en Navidad es una muñequita
blanca, es la gran narración la que les habla. "Eso es
hermoso, es encantador, y tú no lo eres"... Ella tiene
tanta necesidad, tanta, tiene tan poco, necesita tanto, que
es la víctima perfecta.

A los diecinueve años, cuando empecé a mentir sobre
quién era para pasar por americano, no tenía autoridad alguna. La única historia que conocía era la mía, a la que todavía estaba luchando por dar algún sentido. Pero después de
oír la entrevista y leer la transcripción, decidí que no sería "la
víctima perfecta": en mi mente, "víctima" e "ilegal" eran una
sola cosa. Me convencí de que alguien, en alguna parte, de
algún modo, había creado la "gran narración" de la ilegalidad:

seres humanos identificados como "ilegales", como si la propia existencia pudiera ser considerada fuera de la ley; "ilegales" sirviendo a americanos, ya fuera cuidando a sus niños, o cortando su césped, o construyendo sus casas o recogiendo sus cosechas —las imágenes perpetuadas por los medios, corroboradas en los programas de televisión y en las películas—: seres humanos a los que se les dice qué no pueden hacer y adónde no pueden ir.

Entender la experiencia de la gente negra en América —por qué se creó el negro para que la gente pudiera ser blanca— me reveló cómo los latinos, asiáticos, nativo-americanos y otros grupos marginados han sido oprimidos a lo largo de la historia mediante leyes y sistemas que poco o nada tienen que ver con lo que está bien. Blanco como *default*, blanco como el centro, blanco como la norma —es la parte central de la gran narración. La centralidad de la blancura —la forma en que se construyó el blanco versus el negro, lo legal versus lo ilegal— no solo daña a la gente de color, sino también a los blancos que no quieren sobrellevar la carga de lo que han construido.

Ojos azules, aprendí, fue el primer libro de Morrison. A menudo, sus libros, de *Sula* a *La canción de Salomón* a *Amada*, no aparecían exhibidos junto a los de Ernest Hemingway, William Faulkner, F. Scott Fitzgerald, u otros escritores que componían el canon de la literatura americana enseñado en las escuelas. Demasiado a menudo, cuando buscaba sus textos en las librerías, me indicaban que fuera a la sección afroamericana. Así descubrí el mundo de poetas negros como Langston Hughes y Paul Laurence Dunbar, o los trabajos de escritores negros como Ralph Ellison, Alice Walker y James Baldwin. Menciono su raza porque es un elemento crucial de la fuerza que transmiten sus obras. Ellos me condujeron a cuestional a América, me desafiaron a encontrar mi lugar y crear mi propio espacio. Leerlos me llevó a otros escritores de color, especialmente la autores asiáticos y latinos (Carlos Bulosan, Sandra Cisneros, Arundhati Roy, por mencionar sólo algunos), cuyas obras a menudo eran más marginadas que las de los autores negros.

Si Morrison me provocaba a hacer preguntas más incisivas —a insistir en el "cómo" y el "por qué"—, Baldwin me retaba en lo más hondo. Leía sus palabras como si fueran una suerte de desafío: "Tienes que decidir quién eres y forzar al mundo a lidiar contigo, no con la idea que tiene de ti".

Rechazaba en su totalidad la gran narración sobre quién era "ilegal".

Me salvaría creando la mía.

6.

Ambición

Cuanto más ambicioso me volvía como reportero, más riesgos tenía que tomar, más mentiras tenía que decir, más leyes tenía que violar.

En 2001, pocos meses después de conseguir el trabajo de aprendiz en el *Chronicle*, me postulé para una pasantía de verano pagada en el *Philadelphia Daily News*. Cuando Debi Licklider, la encargada de reclutar el personal, me preguntó si tenía permiso de conducir y si podía hacerlo, mentí y respondí que "sí" en ambos casos. Mientras trabajaba en Filadelfia cubriendo noticias policiales y de último momento, tomaba taxis y viajaba en autobuses o en el subterráneo. Un par de veces tuve que hacer autostop y asegurarme de que nadie se enterara. No podía decirles a los editores que no tenía licencia.

Los ataques del 11 de septiembre de 2001 cambiaron la inmigración legal e ilegal, y venir a América se volvió más difícil. En 2002, me postulé y obtuve otra pasantía de verano, esta vez en el *Seattle Times*. Patricia Foote, la persona encargada de reclutar a los candidatos, nos envió un mensaje a los pasantes para recordarnos de llevar nuestra prueba de ciudadanía el primer día de trabajo: certificado de nacimiento, o pasaporte, o licencia de conducir, más el original de nuestra tarjeta de Seguridad Social. La llamé de inmediato. En un salto de fe, le conté sobre mi estatus migratorio. Sonó sorprendida y perpleja. Pero también solidaria —al menos eso parecía por teléfono. Me dijo que tenía que consultar con un abogado y que luego me contestaba. Cuando al fin llamó, fue para rescindir la oferta.

No conocía a esa mujer, era una total desconocida. Me puse paranoico, lo suficiente para volar a Seattle. Aunque había visto todos los episodios de *Frasier*, jamás había estado en la ciudad y no conocía a nadie que viviera allí. Con dinero que había ahorrado trabajando en el *Chronicle*, reservé mi primer pasaje de avión y mi primer cuarto de hotel, y le pregunté a Patricia si podíamos encontrarnos en persona. No recuerdo exactamente de qué hablamos sentados uno frente al otro en la cafetería 13 Coins, no muy lejos de la oficina del periódico. Diecisiete años más tarde, tampoco ella lo recuerda. Pero sí recuerdo que quería mirarla a los ojos, mostrarle que yo era una persona real. No le pedí que guardara mi secreto. Sin embargo, jamás lo contó.

Después de lo que ocurrió con el *Seattle Times*, quedé destruido. Rich y Jim, los responsables de que pudiera asistir a la universidad, sugirieron que hablara con un abogado de inmigración. Jim cubrió el costo del abogado y Rich me acompañó a la reunión, en el centro de San Francisco.

No resultó bien. La única solución para mí, dijo el abogado, era abandonar los Estados Unidos, volver a Filipinas y aceptar la llamada "prohibición de 10 años" (*10-year bar*) antes de intentar volver, esta vez legalmente. Apenas lo dijo, me convencí de que era la única salida. No había visto a Mamá en casi diez años. Quizás era tiempo de volver —incluso si volver significaba tirar por la borda todo lo que había hecho para construir una vida aquí. Estaba tan angustiado por la idea de tenerme que ir que no dije nada. En mi mente, ya planeaba el viaje a Manila.

Mientras caminábamos por la calle Montgomery buscando su carro, Rich rompió el silencio.

"Tú no te vas a ninguna parte. Ya estás aquí. Deja el problema en suspenso. Compartimenta. Sigue adelante".

No sé cómo habría sido mi vida sin esas palabras. Las guardé en mi mente y las sacaba a colación cada vez que me entraban dudas. *Deja el problema en suspenso. Compartimenta. Sigue adelante.*

Así lo hice. El verano siguiente, me postulé para un programa de pasantía en ocho periódicos, incluidos el *Chicago Tribune*, el *Boston Globe* y el *Washington Post*. Para mi sorpresa —y era de verdad una sorpresa—, fui aceptado por todos, incluso el *Post*. No había creído que tuviera muchas oportunidades, dada la competencia. Pero conseguí uno de los veinte puestos disponibles. ¡Lo logré! Después de que Cheryl Butler, a cargo del reclutamiento, me llamara para ofrecerme la pasantía, me envié a mí mismo notas de la conversación que sostuve con ella por correo electrónico, sólo para asegurarme de que no la había imaginado. Fechado el miércoles, 4 de diciembre de 2002 a las 4:30 p.m., el mensaje dice:

> Cheryl Butler llamó y me ofreció una pasantía en el *Metro desk* del *Washington Post*.
>
> Me dijo que recibiré el *Post* gratis durante un mes; alguien me va a llamar para que haga un test antidrogas.

Tengo que enviar una foto grande; alguien me va a llamar sobre el tema de la vivienda.

Todavía no puedo creerlo. Todavía estoy pellizcándome, esperando que Cheryl llame de nuevo y me diga: "Eh, era una broma".

Bueno, bueno, Jose. Ponte orgulloso y deja de ser paranoico.

Llamé primero a Pat.

"¿Estoy quitándole el puesto a alguien?", le pregunté. Siempre pensaba que le estaba quitando el puesto a alguien. Había internalizado esa ansiedad después de oir durante tantos años la frase de que los-ilegales-están-robando-nuestros-trabajos.

Pat lanzó una carcajada.

"No seas ridículo", me dijo. "Te lo has ganado. Ve".

Pero ir implicaba tener permiso de conducir. A diferencia de la pasantía en Filadelfia, donde no había sido un requisito, Cheryl me recordó que para el *Post* sí lo era.

7.
Gente blanca

Poco después de las fiestas de 2003, pasé diez horas en la sala de computadoras de la Biblioteca Pública de Mountain View tratando de averiguar cómo obtener una licencia de conducir.

Busqué en Google cuáles eran los requerimientos en cada uno de los estados. Todos exigían la *green card*, o un pasaporte. Bueno, todos menos Oregón: Oregón sólo pedía una tarjeta de identificación de la escuela, un certificado de nacimiento y algo que probara la residencia en el estado. Por pura suerte, Karen Willemsen, mi excompañera en el *Voice*, que era como una hermana mayor para mí, conocía a alguien que vivía en Portland, Oregón: Craig Walker, su suegro. Aunque no me conocía, Craig me permitió utilizar su dirección postal como prueba de residencia. Además de un par de otros amigos cercanos, hice que Rich, Pat y Mary me enviaran cartas y tarjetas a la dirección de Craig en Portland. La tarjeta más memorable fue la de Mary, que contenía una cita de alguien llamado Tommy Lasorda: "La diferencia entre lo posible y lo imposible yace en la determinación de una sola persona". Adentro de la tarjeta, Mary escribió: "Jose, te quiero. Mamá".

C. J., el hijo de Mary que estaba en Mountain View, se

ofreció a llevarme en carro a Portland; estaba cursando estudios en una escuela de oficios en las afueras de la ciudad. Hicimos el viaje de siete horas en el Jeep Grand Cherokee de Mary. En el camino, nos detuvimos en Pioneer Square para que yo pudiera practicar cómo estacionar en paralelo.

No podía fallar el examen. En las semanas previas, Rich compraba café en Starbucks y me llevaba a practicar cómo conducir y aparcar en las zonas de estacionamiento de las escuelas. "El objetivo", decía, "es que no se me derrame este *mocha* en el regazo".

Durante todos esos años en los que contaba con una segunda familia, jamás les presenté a Lolo a Rich, a Pat o a Mary. Lolo no aprobaba mi trabajo en el *Post*. Trabajar en San Francisco era una cosa; trabajar en Washington, D.C., era completamente otra. Para Lolo, arriesgaba demasiado.

"*Hindi ka dapat nandito*", decía. ("Tú no deberías estar aquí").

"*Paano kung nahuli ka?*", preguntaba. ("¿Qué pasa si te atrapan?").

Obtuve 71 en el examen de conducir; se aprobaba con 70. Mi licencia fue expedida el 4 de junio de 2003, menos de dos semanas antes de que comenzara mi pasantía en el *Post*. Expiraba el 11 de febrero de 2011, la fecha exacta de mi cumpleaños número 30. Era la única identificación oficial que tendría durante ocho años. Es decir que tenía ocho años para "ganarme" el derecho a pasar por "ciudadano".

Cuando miro atrás, me maravilla que ni una sola persona de las que me apoyaba cuestionara en todo ese período si estábamos haciendo lo correcto. Una parte de mí esperaba que alguien —quizás Rich, quizás Mary— preguntara: "¿Estamos violando la ley?". Ni una sola vez alguien dijo: "Esperen, pen-sémoslo, esto puede salir mal". Ni una sola vez.

Recientemente, después de una reunión con algunos miembros de mi "familia blanca", que es como llamo a la gente de Mountain View High School, un amigo mexicano-americano me preguntó por qué creía que me habían ayudado. ¿Por sentir culpa? ¿Por esa cosa de ser el "salvador blanco"? Me eché a reír. Ninguna de las dos. Le dije que aunque sé que son blancos —físicamente, quiero decir—, no pensaba en ellos de ese modo cuando era joven. Asociaba a los blancos con gente que te hace sentir inferior, que es condescendiente, gente que cuestiona por qué eres del modo que eres sin reconocer que tú también eres un ser humano con las mismas necesidades y deseos.

Le dije: "No conocí a la clase de gente blanca de la que hablas —la gente que te coloca en tu sitio— hasta que me mudé a Washington, D.C.".

8.

El *Washington Post*

Mi pasantía de verano en el *Washington Post* se convirtió en una pasantía de dos años después de la universidad, lo que implicaba mudarme a Washington.

Pat, Rich, Sheri, Mary y Jim estaban entusiasmados. Para ellos, no había duda alguna de que debía ir. Nunca olvidaré el orgullo en la voz de Rich en el teléfono: "Jose, es el *Washington Post*. Es *Todos los hombres del presidente*. Esto es algo maravilloso".

Lolo seguía en contra. Nunca había oído hablar del *Post*; nunca había visto *Todos los hombres del presidente*. A su usual letanía de desaliento y desaprobación —"*Hindi ka dapat nandito*" ("Tu no deberías estar aquí") y "*Paano kung nahuli ka?*" ("¿Qué pasa si te atrapan?")— añadió algo más: "*Masyado mong sinusugal ang buhay mo*" ("Estás jugando con tu vida"). En ese momento comprendí que temía por mí, que le preocupaba que ni él ni yo tuviéramos idea alguna de lo que podía ocurrir. Sin necesidad de decirlo, él sabía que yo sabía que estaba aquí por él, por sus mentiras que ahora eran mías.

Tuve dos fiestas de graduación antes de mudarme a

Washington: una organizada por Pat, Rich, Sheri, Mary y Jim, la otra por Lolo y Lola.

Cuando llegué al *Post*, el 2 de junio de 2004, sabía que debía hacer todo lo posible para "tener éxito". Además de los constantes plazos de cierre del periódico, había uno más importante: el 3 de febrero de 2011, día en que mi licencia de conducir expiraría. Se trataba de un delicado malabarismo: destacarme en una redacción altamente competitiva, pero no tanto como para llamar la atención y atraer un escrutinio indeseado. No había espacio para el error, no podía equivocarme. No había espacio para enemigos. Tenía que ganar amigos y aliados, pero asegurarme de no acercarme demasiado a nadie o compartir más información de la necesaria. Tenía que ser cuidadoso.

Comencé a perder la cabeza a los cuatro meses, a volverme paranoico hasta el punto de la inmovilidad. Una cosa era arriesgarme a ser indocumentado en el *San Francisco Chronicle*; otra completamente diferente era serlo en el *Washington Post*, escondido a la vista de todos en la capital del país, donde la inmigración era un tema de conversación permanente. Estaba nervioso, y se notaba.

Durante un almuerzo con Deborah Heard, la editora a cargo de la sección en la que trabajaba, exudaba tanta ansiedad —sobre cuál era mi rendimiento, sobre la posibilidad de que la pasantía se transformara en un empleo fijo— que ella no pudo evitar preguntarme: "¿Qué podemos hacer para que no te preocupes?".

Durante mis primeros meses en el *Post* me sentía como una bomba de tiempo humana. Peor aún, sólo yo podía oír el tic-tac, que era incesante, especialmente después del 11 de septiembre, en una capital en que los servicios de seguridad pululaban por todas partes y donde casi cada profesional que conoces intenta averiguar quién eres, cómo has venido a dar aquí y para qué pueden usarte.

Estaba tan obsesionado que pensaba que el fálico Monumento a Washington que se eleva por encima de toda la ciudad me seguía los pasos y me pinchaba, desafiándome a cometer un desliz y exponerme. Jamás visité uno solo de los museos, que eran gratis; me decía que no me pertenecían, que no estaban allí para que yo los disfrutara, que no era bienvenido en la ciudad.

A medida que pasaban los días y las semanas, andaba por la sala de redacción como si tuviera la palabra "ILEGAL" tatuada en la frente. Se me hacía más y más difícil enfocarme en el trabajo, y se volvió evidente que, o dejaba el *Post*, o encontraba a alguien confiable que pudiera guardar mi secreto. En los años siguientes, mientras todavía pasaba por americano, compartir mi historia se convertiría en una compulsión, una forma de descargar el peso de todas las mentiras que tenía que decir para vivir.

Cuando volví a mi escritorio después del almuerzo el 27 de octubre de 2004, comencé a mirar el sitio del *Globe and Mail*, un diario de Canadá. Había leído que Canadá tenía una política migratoria más amable. Quizás era hora de irme. Después de todo, podía ser periodista en cualquier parte del mundo, me decía. Quizás estaba arriesgando demasiado, como Lolo me había advertido. No podía compartimentar lo que sentía, como había sugerido Rich dos años antes. Era hora de decirle todo a alguien en quien pudiera confiar como había confiado en la Sra. Denny, en Pat y en Rich.

En mis años como reportero, en los que por necesidad

debía medir el potencial de ciertas fuentes de información, decidir en quién confiar y en quién no, había desarrollado una buena capacidad para juzgar a los demás. A través de la mensajería interna del *Post* envié un *ping* a Peter Perl, un reportero con muchos años de experiencia que recientemente había sido promovido a director de entrenamiento y asuntos profesionales de la redacción.

> VARGASJ 10/27/2004 1:58:48 PM: ¿vas a estar aquí hoy, peter?
>
> PERLP 10/27/2004 2:37:49 PM: hola... acabo de volver y estoy aquí hasta eso de las 6. date una vuelta si quieres...
>
> VARGASJ 10/27/2004 2:38:40 PM: ¿estás pegado al escritorio o te puedo invitar a un starbucks? (puedo pagarlo.) tengo que decirte algo importante
>
> PERLP 10/27/2004 2:39:17 PM: por favor ven a visitarme... podemos salir a caminar si hace falta...

Había conocido a Peter mientras hacía la pasantía de verano. A cada pasante se le asignaba al azar un "socio profesional" —un mentor—, y él había sido el mío. Peter había comenzado a trabajar en el *Post* in 1981, el año en que nací. Bob Woodward lo reclutó del *Providence Journal*. Cuando fui elegido para la siguiente pasantía, por dos años, Peter fue de los primeros *Posties* —como se llama a los empleados del *Post*— que me envió una felicitación.

Sentados en un banco de Lafayette Square, justo enfrente de la Casa Blanca, le conté todo. Todo: el permiso de conducir que no debería haber obtenido, la *green card* falsa, la ayuda que me habían dado Pat, Rich, Mary y Jim. Le conté que, años antes, después de descubrir que estaba aquí ilegalmente, Lolo me había llevado a la oficina local de la Administración de Seguridad Social *(Social Security Administration)* para pedir el número de Seguridad Social (*Social Security number*), que necesitaba para conseguir trabajo; como identificación, utilizamos un pasaporte a mi nombre que Lolo había comprado. Cuando al fin llegó, la tarjeta de Seguridad Social contenía una clara advertencia: "Válida para trabajar sólo con autorización de I.N.S.". Lolo me llevó a un Kinko's cercano, cubrió la frase "autorización de I.N.S." con un poco de cinta blanca e hizo veinte o más fotocopias de la tarjeta adulterada. Una de esas copias era la que había presentado a la oficina de Recursos Humanos del *Post*, le expliqué.

Me preparé para el golpe: esperaba que Peter dijera que teníamos que ir inmediatamente a Recursos Humanos.

"Ahora te entiendo cien veces mejor", me dijo, en cambio. "A partir de este momento, el problema es de ambos".

Me aseguró que había hecho lo correcto al contárselo y sostuvo que no había que hacer nada al respecto todavía. Recién me habían contratado, observó, y debía probar mi valor. "Cuando hayas hecho lo suficiente, se lo diremos juntos a Don y Len". (Don Graham era el presidente de la *Washington Post Company*; Len Downie era el editor en jefe del periódico).

Un mes después, pasé mi primer Día de Acción de Gracias en Washington con Peter, su esposa Nina Shapiro y sus hijos, Matt y Daniel. Para mi sorpresa, la generosidad que había tenido la gran fortuna de encontrar en Mountain View High School se había extendido casi tres mil millas, hasta el hogar Shapiro-Perl en Silver Spring, Maryland.

9.

Desconocidos

No se puede *pasar por* solo.

En cada coyuntura dura, difícil, complicada de mi vida —ir a la universidad, conseguir un trabajo, obtener un permiso de conducir para tener un documento de identificación que me permitiera conseguir un trabajo, mantener el trabajo—, un desconocido dejó de ser un desconocido y me salvó.

Uso esta palabra deliberadamente, porque eso es lo que cada uno de ellos hizo, incluso si no sabían que lo estaban haciendo.

Salvado.

Fui salvado.

Después de decirme que mi *green card* era falsa, la mujer rubia de gafas del DMV podría haber llamado a inmigración.

Después de descubrir que no era apto para recibir una beca porque no poseía documentos legales, los administradores, maestros y padres de Mountain View High School no tenían por qué ayudarme. Ni siquiera se lo pedí, porque no sabía cómo. Pero se ofrecieron igual, aun cuando yo no sabía qué clase de ayuda necesitaba, aun cuando no sabían qué estaban haciendo.

Después de descubrir que yo no era apto para la pasantía de verano, la reclutadora podría haberme reportado.

Después de confesarlo todo sobre mis documentos falsos, la tarjeta de Seguridad Social adulterada, el permiso de conducir que no debía poseer, podrían haberme arrastrado a Recursos Humanos y hacerme echar.

No sé por qué hicieron lo que hicieron.

Pero sí sé que todos esos americanos —desconocidos, de diferentes lugares del país— han permitido que gente como yo *pasara por*.

Si apenas cinco personas —un amigo, un colega del trabajo, un compañero de escuela, un vecino, un líder religioso— han ayudado a cada uno de los 11 millones de indocumentados en nuestro país, significa que la inmigración "ilegal" ha tocado al menos a 66 millones de personas.

10.
Firmas

Ser reportero no era meramente un trabajo. Era mi identidad.

El periodismo le dio un marco a mi vida. El tiempo pasaba según la historia con la que lidiaba en ese momento (ya fuera reportando o escribiendo, o ambas) y el plazo que tenía para entregarla. Siempre tenía algún plazo de cierre, lo que a menudo me hacía olvidar el otro: la expiración de mi única forma de identificación en una ciudad que funcion a base de tarjetas de presentación, currículums y documentos de identidad.

Desde el comienzo de mi carrera periodística, no pude obviar el hecho de que mentía sobre mí para sobrevivir en una profesión que se basa en decir la verdad. Tras décadas de internalizar la narración dominante de que "los ilegales se quedan con nuestros trabajos", no podía dejar de pensar que le estaba robando el sustento a alguien. Una de las formas en que me reconciliaba con las mentiras que decía era tomando mi trabajo muy en serio: asegurándome de que cada dato fuera exacto, insistiendo en el contexto, diciendo la verdad hasta donde se podía determinar. Puedo mentir sobre mi estatus como trabajador indocumentado, pero mi trabajo es genuino.

Mi forma de lidiar con la idea de que había obtenido un trabajo que podría haberle tocado a otro fue escribir historias que ningún otro reportero podría haber escrito.

Cuando me promovieron a un puesto de tiempo completo en el *Chronicle*, me asignaron a cubrir "temas de diversidad" —una frase en código sobre la gente de color en una sala de redacción mayormente blanca. Pero en lugar de escribir sobre los negros, latinos y asiáticos, decidí escribir sobre los blancos, especialmente porque el área de la bahía de San Francisco es una de las regiones de mayor diversidad étnica en el país. "En un mundo de diversidad racial, ¿qué es 'blanco'? Los estudiantes caucásicos intentan definir su cultura, su herencia", decía el titular de primera página del artículo que escribí y que puso nerviosos a los principales editores, todos ellos blancos. Mi editora, Pati Navalta, una filipino-americana que era una de las pocas mujeres de color que ocupaban un puesto semejante en la redacción, luchó para que se publicara. El artículo contaba la historia de Justine Steele, una estudiante rubia y de ojos azules que asistía a una escuela secundaria de 4054 personas, de las cuales solo el ocho por ciento era blanco. Comenzaba con este encabezado: "Los otros estudiantes la llaman la 'muchacha blanca' ".

"Puedes salirte con la tuya por tu firma", me dijo una de las editoras, una mujer blanca que era amable conmigo, después de que la historia se publicó. "No suena ni blanca ni negra". Me recordó a la Sra. Wakefield después del veredicto de O. J. Simpson.

Me convencí de que también se me podían ocurrir ideas originales en el *Post*. Nadie más, me dije, puede hacer lo que yo hago. Aunque suena vano, iluso y falto de realismo, era mi forma de encontrar algo de paz para poder trabajar.

Vivía solo en un apartamento de un ambiente a menos de tres cuadras de la sala de redacción. No tenía muchos amigos fuera del trabajo y no pasaba demasiado tiempo fuera de él. Estaba tan abrumado con reportar, escribir y revisar que guardaba una almohada bajo mi escritorio en caso de que tuviera que dormir allí. Aunque era un reportero sólido, era relativamente débil como escritor. En los primeros años me sentía tan inseguro de mi inglés que a veces escribía los primeros borradores en tagalo y después los traducía. Tenía que trabajar más para asegurarme de que la versión final estuviera pulida, especialmente en una institución que se preciaba de ser el "periódico de los escritores".

Cuando fui asignado a la sección de estilo, que ofrecía artículos largos, escribí sobre la cultura de los videojuegos y comencé a investigar en profundidad sobre la epidemia de HIV/SIDA en Washington. La investigación sobre la epidemia derivó en una serie de artículos a lo largo de un año, mientras que los dedicados a los videojuegos fueron publicados en primera página y atrajeron la atención de los principales editores. David Hoffman, el genial editor de la sección internacional, me invitó a almorzar una tarde, días después de que publicara una historia sobre cómo los videojuegos eran el *rock and roll* de la guerra en Irak. Mientras comíamos hamburguesas en Bobby Van's, cerca de la oficina, me preguntó si me interesaba ir a Bagdad para escribir lo que él llamaba "historias de Jose", que, para mí eran historias sobre la cultura juvenil y la tecnología. Dijo que él me veía como corresponsal extranjero.

Me excusé y fui al baño. ¿Cómo podía rechazar esta oportunidad sin que sonara sospechoso? No tenía un teléfono celular y no podía llamar a Peter, a Rich o a Pat para pedirles consejo.

Cuando regresé a la mesa, lo único que se me ocurrió que no fuera una completa mentira fue esto: "Yo crecí en el extranjero".

"No busco viajar", añadí. "Quiero conocer mejor América".

David parecía perplejo. Del modo más amable posible, me dijo que si quería ascender en el *Post* debía considerar ser corresponsal extranjero o cubrir política.

En el mismo momento en que lo dijo, salté: "Yo quiero cubrir política".

Tenía poca experiencia en ello. Sí, había cubierto reuniones del concejo municipal en el *Voice* y había ayudado a cubrir la segunda vuelta electoral para gobernador de California en el *Chronicle*. Pero ahora se trataba de política nacional y esto era el *Post*, la cuna de la investigación de Watergate, un medio periodístico cuya salsa era la política. Había reporteros de más edad, más experimentados y mejores que yo esperando su turno. Deduje que la única manera en que podría cubrir política era si encontraba un área sobre la que nadie más escribía.

Como todos los periódicos, el *Post* luchaba por adaptarse a la era digital, un déficit que usé en mi provecho. Quería acompañar mis largos artículos con vídeos online, tanto que aprendí en mi tiempo libre a filmarlos y editarlos. Por ese entonces, la sala de redacción dedicada al papel, en Washington, estaba separada de la digital, que se hallaba al otro lado del río, en Virginia. Tenía que ir allí para descubrir cómo "embalar" mis artículos con videos. Algunos de mis colegas se burlaban de mis esfuerzos en lo que entonces se llamba periodismo multimedia. Otros me apoyaban. No obstante, usar tecnología era una forma de sobresalir en una redacción a la que le costaba encontrar el modo de emplearla para su provecho.

La tecnología fue también mi pasaje al periodismo político. La mayoría de los periodistas políticos ya tenían suficientes problemas usando sus BlackBerrys; ni hablar de entender lo que eran las redes sociales. Después de ver que Hillary Clinton anunciaba su candidatura presidencial mediante un vídeo online —"Estoy iniciando una conversación con ustedes, con América", decía—, escribí un memorando de dos páginas ofreciendo mi nueva área de cobertura: el maridaje entre política y tecnología. La campaña presidencial de 2008, argumenté, será la primera librada en el mundo digital y dirigida a las redes sociales. Dado que tenía una cuenta de Facebook y sabía lo que era YouTube (Twitter todavía no había irrumpido por ese entonces), afirmé que estaba calificado en forma única para ocuparme de la tarea y delineé posibles temas a cubrir. En lugar de enviar el memorando a mi editora, que se lo habría reenviado a su editora, y esta a la suya o el suyo, se lo mandé directamente a los dos editores principales del *Post*: Len Downie y Philip Bennett. Bennett me llamó a su oficina, y menos de dos semanas después estaba en el equipo dedicado a la campaña.

Los editores a los que había pasado por alto estaban irritados, por decirlo de modo suave. Me disculpé, porque tenía que hacerlo y porque realmente lo sentía. Le dije a una de ellas que no creía que si le hubiera enviado el memo habría tenido la posibilidad de cubrir política: te falta experiencia; eres demasiado joven; espera tu turno. Lo que no le dije a ella ni a nadie fue que tenía un plazo personal. Pensándolo ahora, debe haber sido frustrante lidiar conmigo. Mi ambición sobrepasaba de lejos mi capacidad. Estaba tratando de correr a toda velocidad en una maratón.

Lynne Duke, una reportera convertida en editora, fue la primera de las *Posties* importantes que me colocó bajo su ala. Lynne era una de varias mujeres negras en el *Post* —además de Marcia Davis, mi editora, y su jefa Deborah, estaban Vanessa Williams, Teresa Wiltz, Robin Givhan y otras— y formaban una suerte de hermandad: abogaban una por la otra y, por alguna razón, todas terminaron guiándome de algún modo.

La primera vez que supe de Lynne fue después de que ella leyera un extenso perfil que yo había escrito sobre un activista comunitario. "El artículo era bueno. Excepto el final. Tu remate lo arruinó", me dijo. Yo no estuve de acuerdo, pero aprecié su cariño algo brutal. Una tarde, durante un almuerzo cerca de la oficina, no mucho después de que me promovieran a la sección de política y que le contara mis ideas para la cobertura, me advirtió: "Jose, necesitas entender qué clase de periodista vas a ser antes de que la maquinaria política te coma vivo. Porque te va a comer vivo".

Quise decirle en ese mismo momento qué era lo que realmente me estaba comiendo vivo.

Pero me contuve.

No estaba preparado para su posible reacción.

11.
La campaña de 2008

"Joven", dijo el *sheriff* mientras se apoyaba en mi carro rentado, "¿sabe que está conduciendo a unas treinta millas por encima del límite de velocidad?". Se quitó las gafas de sol. "Licencia y registro, por favor".

Era marzo de 2008. Era la primera vez que me paraba un agente del orden. Usualmente era más cauteloso y conducía por debajo o a la velocidad permitida. Pero tenía un plazo de entrega en una noche de elecciones y no advertí que iba tan rápido. Y de todos los lugares donde podían detenerme, tenía que ser en Texas, donde había estado conduciendo durante las pasadas dos semanas para cubrir la histórica contienda entre Barack Obama y Hillary Clinton por la candidatura demócrata a la presidencia. Mientras buscaba lentamente mi licencia, las preguntas se agolpaban en mi cabeza. ¿Y si el *sheriff* descubre que no debería tener esta licencia? ¿Y si me interroga y no recuerdo la dirección que figura en ella? Y si le avisa a inmigración o me arresta, ¿podré hacer una llamada? ¿Qué le digo a Lynne Duke, que está esperándome para publicar el artículo, que ya está tarde?

El teléfono celular del *sheriff* comenzó a sonar.

Mientras se alejaba del carro para responder, sentí algo tibio que me bajaba por los pantalones.

Me había orinado.

"Tengo que volver a la comisaría", dijo el *sheriff*. "Voy a dejarlo marchar. Más despacio, joven".

Más despacio.

Tenía más de un plazo de entrega.

No había forma de ir más despacio.

Me congelé mientras se alejaba y el hedor del orín llenaba el carro. Desde que había obtenido la licencia que no se suponía que obtuviera, conducir siempre me había resultado estresante. Una forma de lidiar con ello era escuchar "Don't You Worry 'Bout a Thing" de Stevie Wonder, que se convirtió en la banda de sonido de esos dos años en que viajé por el país cubriendo la campaña. Conduje por los estados en que se votaba primero: Iowa y New Hampshire; me perdí en Kentucky siguiendo a John Edwards, y aún más en Indiana mientras cubría a Sarah Palin; me perdí tratando de seguir a Oprah Winfrey por Carolina del Sur mientras hacía campaña en favor de Barack Obama. Era testigo y cubría la historia. Sin embargo, me sentía al margen, como si no tuviera derecho a estar allí.

Al conducir esa noche por la Carretera 175 de Texas, mientras Stevie me recordaba que no debía preocuparme por nada, no pude evitar preocuparme por todo.

Hasta cuando todo parecía andar bien, muy bien, no podía dejar de preocuparme.

12.
Purgatorio

"¡Jose! ¡*My man*! ¡Felicitaciones, ganaste!".

Kevin Merida, uno de los principales editores del *Post*, llamó para darme la buena noticia. Me sentía desconcertado. ¿Ganar qué? Según Kevin, había ganado, como parte de un equipo, el Premio Pulitzer en la categoría de noticias de último momento, por la cobertura de la masacre de 2007 en Virginia Tech. Mi contribución a la producción ganadora consistía en una entrevista que le había hecho a un testigo clave, a quien llegué porque sabía cómo utilizar Facebook. No creí que hubiera ganado nada hasta que vi mi nombre con el de todos; incluso entonces no lo creí realmente —hasta que lo volví a ver en la carta de nominación del comité del Pulitzer.

Pero en lugar de alegrarme, lo primero que se me cruzó por la cabeza fue: ¿y si alguien me descubre?

Un par de horas después, cuando la noticia del premio se esparció —y no solo en los Estados Unidos, sino también en Filipinas, donde la noticia de que era el más joven y apenas el cuarto periodista filipino que ganaba—, sonó mi teléfono. Era mi abuela; era Lola. No me felicitó, ni me dijo que estaba orgullosa de mí, ni me preguntó cómo me sentía. Estaba preocupada por lo mismo que yo. Hablando en un susurro salpicado de vergüenza, me preguntó: "*Anong mangyayari kung malaman ng mga tao?*" ("¿Qué pasará si la gente se entera?").

Ignoré la pregunta. Le dije que tenía que irme. Después de colgar el teléfono, corrí al baño del cuarto piso de la redacción, me senté en el inodoro y lloré.

De algún modo, ganar una parte del premio fue el principio del fin. Las mentiras se habían vuelto tan grandes que se lo tragaban todo, incluso las cosas buenas. Las mentiras —recuerdo haber pensado ese día— tenían que acabar. No sabía exactamente cómo o cuándo, o qué haría después. Sólo sabía que tenían que acabar.

Pasar por era el purgatorio. Era agotador: mirar siempre por encima del hombro, temer que alguien se diera cuenta, preguntarme si estaba *pasando por* lo suficiente. La paranoia era como una enfermedad viral que infectaba todo mi cuerpo. Mi oxígeno era el estrés.

No podía estar presente en mi propia vida. Incluso —no, especialmente— en un día como ese.

13.
Treinta

Leer *The New Yorker* era como adquirir comida que jamás había probado y que probablemente no podía pagar. Me había dicho, por más improbable que sonara: si voy a ser un escritor serio —lo que sea que eso signifique—, tengo que escribir para esa revista. Y obtuve mi oportunidad.

"¿De dónde eres?", quiso saber Mark Zuckerberg.

Caminábamos por su vecindario arbolado, no muy lejos de la sede de Facebook. Era una tarde soleada y sin nubes, en la que intentábamos conocernos el uno al otro. Zuckerberg no era una suerte de retraído con Asperger como lo habían retratado. Me miraba a los ojos. Apenas minutos después de que nos presentaran se estaba enviando mensajes de texto con su madre. Le pedí que camináramos solos durante una hora, hablando *on the record* y sin restricciones. Zuckerberg —que suele ir acompañado de asistentes cuando habla con reporteros— aceptó. Era el 6 de agosto de 2010, y yo estaba realizando un sueño —una gran parte de mi sueño.

Había sido enviado por *The New Yorker*, una de las revistas que había descubierto en la biblioteca cuando era niño. En ese momento, me desconcertaban las caricaturas en blanco y negro (¿se suponía que eran graciosas?), me confundía la puntuación (creía que el punto y coma era un error: parecía un punto encima de una coma) y necesitaba un diccionario y una enciclopedia para digerir una larga reseña que aparecía en la revista acerca de un nuevo libro sobre Shakespeare. Ahora, *The New Yorker* no solo me había encargado escribir un artículo, sino que le había ganado a escritores más experimentados y francamente mejores, y conseguido una entrevista exclusiva con un personaje muy malinterpretado y a menudo caricaturizado: Zuckerberg, el fundador y CEO de Facebook, quien por entonces todavía no había sido retratado en profundidad. El artículo saldría antes del estreno de la película *Red Social*. Había convencido a Zuckerberg y a su equipo de confianza, incluída Sheryl Sandberg, de que yo era el periodista correcto para escribirlo. A diferencia de otros, le dije a Sheryl, yo sabía cómo usar Facebook. Y le había asegurado a *The New Yorker*, ansioso por la exclusiva, que yo era el periodista apropiado para hacerlo. ("¿Estás seguro de que no eres 'amigo-amigo' de Mark?", me preguntó David Remnick, el editor en jefe de la revista). Zuckerberg tenía veintiséis años; yo tenía veintinueve y medio.

A muchos les pesa llegar a los treinta: piensan que ya deberían estar casados o haber ganado cierta cantidad de dinero. A mí me pesaba por razones que no podía compartir ni con mis amigos más cercanos, y mucho menos con mis mentores y anteriores empleadores, incluída Arianna Huffington, quien me reclutó para trabajar en el *Huffington Post* en el verano de 2009, y Donald Graham, el anterior dueño de la *Washington Post Company*, donde fui contratado justo después de la universidad (fue Graham quien me presentó a Zuckerberg en la Cena de Corresponsales de la Casa Blanca en 2007. "Oh, no usas *flip-flops*", fue lo primero que le dije a Zuckerberg). Para el verano de 2010, en la cima de mi carrera periodística, estaba sumido en la depresión. Peor aún rehusaba hablar de lo que me atormentaba por temor a arrastrar a otros a una tempestad que yo mismo no comprendía del todo. Todo lo que sabía era que llegar a los treinta representaba un plazo final, tanto práctico como personal.

En lo práctico, mi permiso para conducir —la única forma legal de identificación que poseía— expiraba el 3 de febrero de 2011, el día de mi cumpleaños.

En lo personal, había esperado que en el alba de mi cuarta década, la vida, la clase de vida que no incluye esconderse del gobierno, de las personas que uno quiere, incluso de uno mismo —la vida real— pudiera empezar por fin.

"Soy de Mountain View", repliqué.

Era una respuesta fácil a la pregunta fácil de Zuckerberg, el tipo de pregunta que no había contestado claramente desde que descubrí que se suponía que no debía estar aquí. Jamás la contesté claramente en los formularios oficiales al solicitar trabajos o el permiso para conducir. Rara vez respondía cuando amigos, colegas e incluso potenciales amantes me preguntaban por qué no visitaba a mi madre o por qué hablaba tan poco sobre ella, o por qué me habían criado mis abuelos, o por qué no aprovechaba un viaje pagado a Suiza, o por qué no quería trabajar en Bagdad y cubrir la guerra de Irak.

El periodismo era una forma de separar lo que hacía de lo que era, una forma de justificar mi comprometida e ilegal existencia ante mí mismo: *Mi nombre podrá estar arriba del artículo, podré haber hecho todo el trabajo de reportar y escribir, pero ni siquiera se supone que debía estar aquí, así que no estoy realmente aquí.*

Desde que comencé a escribir, las tres palabras más peligrosas del idioma inglés para mí han sido "I" (yo), "me" (mí) y "my" (mi). En parte, porque he internalizado tanto el axioma de que debía "ganar" mi ciudadanía americana que nunca sé si he "ganado" el derecho de expresarme en términos tan personales; en parte, porque temo lo que ocurre cuando enfrento mi desesperación, la sensación de desorientación y abandono con la que he lidiado desde que llegué al país como un niño de doce años sin madre. Huyo de la gente, especialmente de la gente que quiere acercárseme. Huyo de mí mismo. Como jamás me he sentido en casa, como jamás he tenido una casa de verdad, he organizado mi vida para estar constantemente en movimiento, existiendo en todas partes y en ninguna. No puedo quedarme quieto. Vivo en aeropuertos, lo que hasta cierto punto tiene sentido, dado que mi vida cambió aquella mañana en el aeropuerto de un país que abandoné para ir al país en que he construido una vida que no he sido capaz de abandonar.

14.
Enfrentarme a mí mismo

Mis relaciones con la gente se vieron condicionadas por los secretos que guardaba y las mentiras que tuve que decir. Temía que, cuanto más me diera a conocer, más gente arrastraría a mi complicada situación.

Las mentiras que dije para obtener empleo fueron exacerbadas por las mentiras que dije a amigos y colegas sobre quién era, de dónde venía, qué no podía hacer y por qué.

Cuando mi amiga Angélica me invitó a su boda en la Ciudad de México, dije que mi abuela estaba enferma. Para mí, viajar al exterior era impensable: si dejaba los Estados Unidos, no había garantía de que me permitieran volver a entrar.

Jamás exhibí fotos de familiares en el trabajo o en casa. Si colocas fotos, la gente hace preguntas.

Muchas veces dije que mis padres estaban muertos. Era más fácil decir que estaba solo, como años antes había sido más fácil representarme a mí mismo en las reuniones de padres y maestros.

Durante más de una década cargué con el peso de perseguir el éxito en mi profesión —necesito que aparezca mi nombre, necesito esa historia, necesito ser visto—, a la vez que deseaba ser invisible y que nadie me prestara mucha atención.

Luego vino el artículo sobre Zuckerberg. Allí estaba, caminando por California Avenue, cerca del centro de Palo Alto, a menos de dos millas de la casa en que me había criado, presionando a Zuckerberg para que me revelara todo de sí (le había preguntado sobre su viaje a visitar a un *ashram* en India, sobre sus errores y remordimientos en su conducción de Facebook siendo tan joven, sobre sus polémicas ideas acerca de la transparencia y la ausencia de privacidad), mientras que yo era incapaz de abrirme. A lo largo de 2010 comencé a leer artículos sobre jóvenes americanos indocumentados, muchos todavía en la escuela secundaria o en la universidad. Su grito de guerra era: "Vivimos sin documentos, sin miedo y sin pedir disculpas". Usando las nuevas tecnologías sobre las que yo había escrito —Facebook, Twitter, YouTube—, relataban sus propias historias y desafiaban tanto a los políticos como al público a mirar para otro lado. Me atrajo particularmente la historia de una joven inmigrante indocumentada de Ecuador llamada María Gabriela Pacheco, a quien todos llamaban Gaby. Había estado militando por los derechos de los inmigrantes desde que estaba en la escuela secundaria. Junto con tres amigos, marchó desde Miami, donde había crecido, hasta Washington, en busca de apoyo para la ley *DREAM Act*. Seguí la historia de Gaby en las redes sociales. Incluso la espié en Facebook. Allí estaba, en las noticias, compartiendo su historia públicamente y tratando de enfrentar a gente como Joe Arpaio, el notorio *sheriff* que hablaba sobre los inmigrantes indocumentados como ganado, y así los trataba. ¿Cómo podía ser tan intrépida? ¿Y por qué yo estaba tan asustado?

Llega un momento en la vida en que debemos enfrentar la verdad para poder seguir.

Para que la mía prosiguiera, tenía que enfrentar la verdad sobre de dónde venía. En esa tarde de agosto, trabajando en el artículo más importante de mi vida, comprendí que ya no podía vivir con la respuesta fácil, ya no podía vivir con mis mentiras. *Pasar por* ya no era suficiente. Antes de poder escribir más historias, tenía que investigar mi vida.

Para liberarme —para enfrentarme a mí mismo—, tenía que escribir mi historia.

15.
Abogados

Había consultado al menos a diez abogados especializados en inmigración, y todos me habían dicho que contar mi historia en público no era buena idea. Uno llegó a decir que era un "suicidio legal". Al hablar con ellos me sentía portador de una enfermedad incurable, sobre la que cada uno ofrecía su diagnóstico. Pocos ofrecían un tratamiento.

"La cosa es que no se suponía que llegaras tan lejos", me dijo un abogado mientras sorbía su Coca Cola Diet.

Otro me advirtió: "En el momento en que declares públicamente que eres indocumentado, no podrás ser empleado por nadie. ¿De qué vas a vivir?".

Un tercero tenía una sugerencia interesante que me tuvo sin dormir durante varias noches: "¿Y si te vas y te declaras indocumentado desde las Filipinas?".

Dados mis contactos de alto perfil, un abogado me preguntó si había considerado pedirle a algún miembro del Congreso que presentara una ley privada, típicamente un último recurso para proteger a un inmigrante de la deportación. "Conseguir que un senador presente una ley privada en tu nombre —aun si no se aprueba, porque rara vez se aprueban—

te da protección". Le dije que lo consideraría. Pero el objetivo de salir del clóset como indocumentado era sumar mi historia a la de otros. Complicar la narración. Sacar a la inmigración —especialmente la no autorizada, la "ilegal"— del marco de "en base al mérito", o de "buen inmigrante versus mal inmigrante" o de "más merecedor versus menos merecedor".

"¿Quieres ser un mártir?", me preguntó el abogado.

"No", repliqué. "Un ser humano".

Seguía pensando en el abogado que sorbía su Coca Cola Diet: "No se suponía que llegaras tan lejos".

Pero dado que estoy aquí, dado que ya llegué hasta aquí, dados los sacrificios de Mamá, Lolo y Lola, y a pesar de su miedo y su vergüenza; dado que no podría haber logrado lo que logré sin el amor y el apoyo de desconocidos que se convirtieron en mentores y aliados, dado todo eso, tengo una obligación mayor de hablar. Muchos de nosotros contamos con algún tipo de privilegio. Era hora de arriesgar el mío.

16.
Segunda salida del clóset

Acerca de "salir del clóset", cosa que he hecho dos veces en mi vida: es menos "salir" que dejar que otros entren. Aprendí que sales para dejar que los demás entren. La realidad es que el clóset no solo te oculta de los extraños, sino también de la gente que amas.

Durante más de una década, escondí a mi familia filipina de mi familia "blanca" de mentores y aliados, y escondí a mis amigos de ambos. Era más fácil mantener a todos separados.

Muchos de mis parientes no sabían (o no querían saber) que yo era gay. Muchos de mis amigos más cercanos no sabían que yo era indocumentado. Compartimentaba a la gente como compartimentaba los sentimientos.

Para celebrar mi cumpleaños número treinta, día en que expiraba mi permiso de conducir de Oregón, decidí que era tiempo de que todos conocieran a todos. Organicé una fiesta con el lema "Puede que me deporten" para anunciar mi decisión de salir del clóset como indocumentado; el objetivo era iniciar una conversación más honesta e inclusiva sobre inmigración y los millones de personas que muchos americanos consideran "ilegales". Frente a todos los que amaba, dije que no estaba seguro de qué me ocurriría —¿arresto? ¿encarcelamiento? ¿deportación?—, pero que sí sabía que necesitaba que todos se conocieran.

La mayoría de los presentes tenía cierta idea de qué me proponía hacer. Esa noche, muchos de ellos me dijeron que no habían creído realmente que lo fuera a hacer hasta que lo anuncié delante de todos. "Esperaba que cambiaras de idea", me confesó mi amigo Scott.

Eran treinta personas llegadas de todo el país. Con ayuda de mi tía Jennifer había organizado una cena en un restaurante indio en el centro de San Francisco. Lola vino acompañada de Tío Rolan, su esposa Alma y sus hijos A. J. y Nicole. La hermana de Lolo, Florida, también estuvo, así como varias tías, tíos y primos, incluida mi entusiasta tía Aída, y Ate Gladys, una prima que es como la hermana mayor que nunca tuve. Estuvieron todos mis mentores de Mountain View High School. Después de que le presentara a Pat, Rich, Sheri, Mary, Daisy y Jim, Lola se volvió a mí y me dijo: "Hindi ko alam na puti pala silang lahat" ("No sabía que eran todos blancos"). Hicieron el viaje amigos entrañables de Nueva York y Washington, D.C. En mi carrera como reportero había recibido la guía de editores que se convirtieron en mentores y luego en muy queridos amigos; fue especialmente emocionante presentarle a Teresa Moore, la editora que me ayudó a conseguir trabajo en el *Chronicle*, a Marcia Davis, quien editó la mayor parte de mi trabajo en el *Post*.

Mientras los veía hablar a unos con otros alrededor del bufet de pollo al curry, *samosas*, *biryani* y *naan*, comprendí que había sido un error mantenerlos separados durante todos esos años. Había temido que no tuvieran de qué hablar. Solo cuando convergieron en ese restaurante indio mi vida familiar, mi vida académica y mi vida profesional, descubrí lo qué tenían en común: su generosidad para conmigo.

Y ser visto por tanta gente, tan buena gente, significaba que en verdad estaba aquí —y quizás también que sí se suponía que estuviera aquí.

Tío Conrad, que había volado desde San Diego, me llevó aparte y me dijo que encontrarse con todos lo había impactado.

"Tu vida entera está aquí", dijo.

No toda. Lolo se había marchado cuatro años antes. Falleció de un ataque cardíaco en enero de 2007. Me sentía feliz de que hubiéramos podido reconciliarnos meses antes de que muriera y llegar a un acuerdo sobre por qué él había hecho lo que había hecho y por qué yo había hecho lo que había tenido que hacer. Me disculpé por las cosas hirientes que le había dicho. Me disculpé por ser rebelde y desobediente, por escaparme de él, pensando que estaba resentido conmigo por aquello en lo que me había convertido. Según resultó, no estaba resentido. Simplemente no lo entendía.

"Hindi ko alam na mangayayari ang lahat ng ito, apo ko" ("No sabía que todo esto ocurriría, nieto mío").

Lolo no era la única figura importante de mi vida que no estaba en la fiesta. Dos meses después de enterrar a Lolo, mi padre, a quien no había visto desde los once años, murió de cáncer de pulmón. Me enteré cuando sus hermanos buscaron la forma de contactarme, primero por correo electrónico y luego por teléfono. Necesitaban ayuda para pagar el funeral. Al principio no sabía qué hacer. Estaba enojado. Y estaba enojado por estar enojado. Cuando se me pasó, lo único apropiado era enviar el dinero extra que tenía al hombre a quien debía en parte mi nacimiento.

17.
Fuera de la ley

Estaba a punto de tirar por la borda la carrera por la que había arriesgado todo. Nadie me forzaba a hacerlo; sólo yo.

Después de que *The New Yorker* publicó el perfil que había escrito con el título "Mark Zuckerberg se revela" —cuatro meses después de mi fiesta de cumpleaños con el lema "Puede que me deporten"—, me tocó el turno de hacer revelaciones.

El 22 de junio de 2011, *The New York Times Magazine* publicó "Mi vida como inmigrante indocumentado". El otro título del ensayo era: "FUERA DE LA LEY".

En el mismo momento en que mi confesión de cuatro mil trescientas palabras fue colgada online, nació *Define American* (Definan americano). Cofundada con un estrecho grupo de amigos (Jake Brewer, uno de los primeros innovadores en materia de organización y activismo online; Jehmu Greene, el primer director de las organizaciones sin fines de lucro *Rock the Vote* y *Women's Media Center*; y Alicia Menéndez, una periodista y experta que sabe más de inmigración que Jake, Jehmu y yo juntos), *Define American* es diferente de todo lo que existe en materia de derechos de inmigración. Nuestra táctica, desde el comienzo, no se ha enfocado ni en las políticas ni en la política. Imitando al movimiento de derechos LGBTQ, creemos que no se puede cambiar la política de inmigración hasta que se cambie la cultura según la cual se percibe a los inmigrantes. La narración es central para nuestra estrategia: reunir historias de inmigrantes de todos los sectores sociales, crear contenido original (documentales, bases de datos, gráficos, etc.) y utilizar todo eso para influir en cómo los medios y la industria del entretenimiento retratan a los inmigrantes, tanto documentados como indocumentados. Si eres un reportero que busca una madre indocumentada que se ha refugiado en una iglesia, puedes pedirnos ayuda. Si eres un productor de un drama médico de TV que busca historias de doctores indocumentados para incluir en tu programa, puedes contactarnos. Nuestra campaña #FactsMatter (LosHechosImportan) lidia con cada uno de los mitos y responde cada una de las preguntas que se pueda tener sobre inmigración. Tenemos un campaña, WordsMatter (LasPalabrasImportan), que combate el discurso y la retórica antiinmigrante, rampantes en todo tipo de medios. Inspirados por el movimiento *Gay Straight Alliance*, que se desarrolló en la época en que salí del clóset como gay en la escuela secundaria, iniciamos un programa integrado por estudiantes indocumentados y sus compañeros que son ciudadanos americanos. Ya hay casi 60 filiales del programa en campus universitarios en 26 estados y D.C.

Un par de días antes de la fecha prevista para la publicación de mi ensayo me encontraba en el edificio del *Times* en Manhattan revisando las pruebas de imprenta, chequeando una vez más cada dato, volviendo a leer cada frase. Dado que he mentido sobre tantas cosas de mi vida para pasar por americano, lo último que necesitaba era que me señalaran un error. El ensayo tenía que ser impecable, incuestionable.

Sonó mi teléfono. Era uno de los abogados de inmigración que me había estado asesorando. Como una cortesía, les había enviado una copia del ensayo a todos ellos.

—Jose, ¿vas a publicar que hiciste cosas 'ilegales'? ¿En el *New York Times*?

—Sí. Está en el ensayo.

—Jose, a partir del momento en que lo publiques, no podremos ayudarte... Jose, ¿estás ahí?

Respiró profundo.

Decir la verdad —admitir que había mentido en formularios oficiales para obtener empleo— implicaba que ya no podría "legalizarme".

Respiré profundo.

—Si no puedo admitirlo, ¿para qué estoy haciendo todo esto?

Al publicar el ensayo, advertí, estaba violando una regla cardinal del periodismo: escribe la historia, no seas la historia. Durante más de una década, había violado otra regla cardinal: no mentir. Que conste, jamás había mentido en mis artículos. Jamás fabriqué un solo dato o detalle de contenido o inventé una fuente —el tipo de mentiras que han acabado con las carreras de otros periodistas sobre los que había oído y leído, de Janet Cooke a Stephen Glass a Jayson Blair. Pero sí mentí sobre quién soy, específicamente, sobre mi estatus legal, un detalle definitorio de mi vida. Para conseguir empleo, había mentido a mis empleadores, del *Chronicle* al *HuffPost*. El ensayo estaba destinado a corregir esa falta, era un intento de llegar al "cómo" y al "por qué". ¿Por qué había tenido que mentir? ¿Cómo se convierte alguien en "ilegal"?

Escribir el ensayo era un ajuste de cuentas personal que consistía en decir la verdad, no ocultar nada, sin importar las ramificaciones legales. Era, también, un emprendimiento periodístico. Contra el consejo de los abogados —que me sugirieron que no revelara este detalle, o aquel—, lo escribí como lo escribí porque creía que su servicio al bien común era mayor que la necesidad de protegerme legalmente. Sí, mi vida en el país estaba basada en mentiras. Sí, necesité pasar por americano y por ciudadano para poder trabajar. Pero mi periodismo siempre se ha basado en la verdad desde que cubrí aquel incendio en la calle en que crecí, y ser periodista es una identidad que llevo con profundo orgullo. Soy tan hijo de las salas de redacción que diseñé y organicé el ensayo pensando en otros periodistas. Imaginé cómo aumentaba su curiosidad a medida que leían ciertos detalles. "Pagaba impuestos federales y estatales, pero usaba una tarjeta de Seguridad Social inválida y escribía información falsa en mis formularios de empleo", escribí. En otra parte, detallé cómo obtuve el permiso de conducir en Oregón. Pensé que dejaba migajas que los periodistas podían seguir para investigar el "por qué" y el "cómo".

Hay tantas preguntas sobre el "cómo".

¿Cómo es que los trabajadores indocumentados pagan impuestos?

El gobierno no tiene problemas en tomar nuestro dinero: solamente se niega a reconocer que tengamos el derecho de ganarlo. Con mi número de Seguridad Social (SSN, por sus siglas en inglés), que no es válido para obtener empleo, he pagado impuestos desde que comencé a trabajar regularmente, a los dieciocho años. Muchos trabajadores indocumentados que no tienen SSN utilizan un ITIN. ITIN es la sigla de *Individual Taxpayer Identification Number* (Número de Identificación Personal del Contribuyente), un número que sirve para procesar impuestos que es expedido por el Servicio de Rentas Internas (IRS, por sus siglas en inglés). Se les exige a todos aquellos que ganan un salario que paguen impuestos, sin importar su estatus migratorio. A nivel nacional, el monto de impuestos que el IRS recauda de trabajadores indocumentados va de casi $2,2 millones en Montana, que tiene una población indocumentada estimada en unas cuatro mil personas, a los $3100 millones en California, que alberga a más de tres millones de inmigrantes sin papeles. De acuerdo con el Instituto de Impuestos y Políticas Económicas (*Institute on Taxation and Economic Policy*), una entidad independiente, los trabajadores inmigrantes indocumentados de todo el país pagan en impuestos estatales y locales una cifra promedio estimada en un 8% de sus ingresos.

Para ponerlo en perspectiva, el uno por ciento más alto de los contribuyentes paga en promedio apenas el 5,4%.

¿Cómo es que los trabajadores indocumentados contribuyen a la Seguridad Social?

Nunca olvidaré el día en que recibí una carta de la Administración de Seguridad Social (SSA, por sus siglas en inglés) detallando mi registro de ganancias. La carta decía que había pagado $28 838 a la Seguridad Social y que mi empleador había pagado $28 838. Perdí el hilo de esas cuentas; lo único que sabía era que cada vez que recibía un pago de mi salario me quitaban dinero para la Seguridad Social y para el Medicare. Nunca me molesté en averiguar qué significaba eso, porque sabía que no tendría acceso a esos fondos. Sonará absurdo, dado que, para empezar, no se suponía que trabajara, pero concluí que pagarle al sistema y no recibir beneficios era una suerte de penitencia.

Puede que un montón de trabajadores estén haciendo un montón de penitencia. De acuerdo a la propia SSA, los trabajadores no autorizados han contribuido $100 000 millones en la última década. Se estima que unos siete millones de personas trabajan en los Estados Unidos ilegalmente, de los cuales 3,1 millones utilizan números de Seguridad Social expirados o falsos y pagan impuestos que les son descontados automáticamente de sus pagas. No tengo idea de cómo hace exactamente la SSA para aceptar y acreditar el pago de cuentas inválidas. Pero el dinero siempre encuentra un camino. Los trabajadores indocumentados aportan $12 000 millones cada año al fondo de la Seguridad Social.

La realidad detrás de esos números —lo que revelan sobre cómo los indocumentados son parte del tejido de nuestra sociedad— nunca aparece reflejada por los medios periodísticos cuando enfocan la inmigración "ilegal". A menudo no reportan como deberían información básica sobre cómo los trabajadores indocumentados aportamos dinero a un gobierno que nos vilipendia. Sea por ignorancia o indiferencia, o ambas, esta incapacidad de proveer hechos y contexto ha perpetuado el mito del "ilegal" de que es una carga para los servicios sociales y que roba de los "verdaderos americanos". Peor aún, la ignorancia y la indiferencia generales de medios creíbles palidecen en comparación con sus símiles conservadores, que han priorizado la cobertura de la inmigración y atraído a seguidores fanáticos.

Un periodista veterano que editaba temas de inmigración para un medio regional me dijo: "Aun si ofrecemos información veraz sobre los inmigrantes indocumentados, a los lectores no les importa, o no quieren creerla. Es un ejemplo del éxito de los medios de la derecha".

¿Resultado?

A los inmigrantes se nos ve como cuerpos físicos, trabajadore, juzgados según la percepción de qué es lo que contribuimos o qué es lo que tomamos. Nuestra existencia ha sido tanto criminalizada como convertida en mercancía. No sé cuántas veces le he explicado a un colega periodista que aun si es ilegal entrar en el país sin documentos, no es ilegal permanecer en él sin ellos. Es una diferencia clara y crucial. No soy un criminal; esto no es un crimen.

Inmediatamente después de que mi ensayo se publicara online y en redes sociales, fui mirado con desconfianza y a veces desestimado como "activista" con "un claro prejuicio" y una "agenda política" evidente. Mi verdad —cómo llegué aquí, el contexto en el que me vi forzado a mentir para sobrevivir— era una "agenda política". Ya no meramente escribía historias, ahora también se escribía sobre mí, estaba sujeto a cómo otras personas percibían mi historia basadas en su conocimiento del asunto. Estaba preparado para ello; lo esperaba. Después de todo, los periodistas, especialmente los buenos, son conocidos por su capacidad de intentar detectar embustes. Lo que no había anticipado completamente era que mi artículo sería visto mayormente a través de una lente política, formulado y analizado en términos partidarios y facciosos. He aquí el lado de la "reforma migratoria", el lado "proinmigrante". Y he aquí el lado "antiinmigrante" y de rechazo a la "amnistía".

Una sustitución del verdadero análisis por una apariencia de equilibrio y neutralidad.

Para alcanzar la "objetividad" periodística, sacrificamos la humanidad de las personas. Estar del otro lado fue una experiencia aleccionadora; me llevó a preguntarme cómo se habrán sentido los protagonistas y las fuentes de las historias sobre las que había escrito en el pasado.

Pocos meses después de escribir el perfil de Zuckerberg, contacté a David Remnick, el editor de *The New Yorker*, para ofrecerle mi historia. Conseguí que se pusiera al teléfono, le confesé que era indocumentado, le dije que planeaba salir del clóset y que quería publicar mi ensayo en su revista. No se interesó. Colgué.

Reuní un muy necesario coraje y contacté a Katharine Weymouth, la editora responsable del *Washington Post*. A diferencia de Remnick, Weymouth sí se interesó. Me conectó con Marcus Brauchli, el editor en jefe del *Post*. Me había comunicado con Brauchli por última vez en el verano de 2009, cuando todavía no había revelado mi estatus y él trataba de convencerme de que permaneciera en el periódico. En cambio, me había ido a trabajar al *HuffPost*.

Brauchli me preguntó si les podía encargar a periodistas del *Post* que me entrevistaran y escribieran sobre mí. No acepté; insistí en escribir mi propia historia. Durante tres meses trabajé con Carlos Lozada, editor de la sección *Outlook*, que publica artículos de opinión y comentarios. Inmigrante de Perú, Carlos vino legalmente a los Estados Unidos de niño. Era uno del puñado de latinos que había en toda la redacción, y era un buen detector de embustes. Fue implacable en asegurarse de que decía la verdad, sólo la verdad y toda la verdad.

Mientras trabajábamos en el ensayo, Carlos me preguntó qué identificación utilizaba para pasar la seguridad de los aeropuertos, dado que mi permiso de conducir de Oregón había expirado. Por consejo de mis abogados, no le había dicho que me había procurado un nuevo permiso en el estado de Washington, uno de los pocos que admitían que sus residentes indocumentados condujeran. Carlos fue inflexible en que incluyéramos esa información en el ensayo. Así lo hicimos. Otra editora, Ann Gerhart, también conocida por su agudo ojo periodístico, y una verificadora de datos de primera, Julie Tate, se aseguraron de que toda la información fuera cierta. Ya me estaba poniendo ansioso sobre la fecha de publicación, cuando Carlos me llamó para anunciarme que Brauchli había decidido cancelar el artículo. Carlos no estaba de acuerdo con la decisión y me instó a publicar en otro sitio el ensayo que había editado tan meticulosamente durante semanas. Le escribí un correo electrónico a Brauchli y no obtuve respuesta. Le escribí a uno de sus segundos, Liz Spayd, y tampoco obtuve respuesta. Era un vorapalo y me sentí dolido. Era el *Post*, donde había crecido, al que le debía tanto de mi identidad periodística. Pero no había tiempo para sentimientos. Necesitaba un plan B. Contacté a Peter Baker, amigo y colega del *Post* que se había marchado al *Times*. Peter me respaldó. Cuando les mostró mi ensayo a otros editores del *Times*, se apresuraron a publicarlo.

El *Post* publicó un artículo explicando por qué habían cancelado el artículo. Título: "¿Por qué el *Post* deportó la historia de José Antonio Vargas?".

Al mirar ese verano de 2011 en retrospectiva, el que algunos de mis colegas no lograran comprender mi historia demostraba que los medios que imponen la agenda de noticias eran incapaces de entender la cuestión más amplia de la inmigración y de los millones de personas que se ven directamente afectadas por ella. Esa desconexión no puede entenderse sin tomar en cuenta el hecho de que, en un país donde la población latina, la minoría racial más grande, presente en más de cuarenta y ocho estados, gravement subrepresentada en la mayoría de las redacciones. Así era cuando comencé mi carrera, a fines de los noventa, y así es mayormente todavía hoy. Por supuesto, la inmigración no es solo una cuestión latina. Pero dado que la inmigración está a menudo ligada a la raza, los latinos se ven desproporcionadamente afectados.

Para un inmigrante indocumentado que es también periodista, lo que ha hecho los últimos años especialmente enloquecedores es darse cuenta de cuán desinformados sobre los asuntos de inmigración están generalmente los periodistas. Con algunas notables excepciones —entre ellas, el esclarecedor trabajo de Dara Lind en *Vox* y de Cindy Carcamo en el *Los Angeles Times*, por no mencionar a María Hinojosa en *Latino USA* de NPR, o a Jorge Ramos en Univision, o al columnista Rubén Navarrette Jr.—, la cobertura de temas de inmigración por los principales medios es endeble en el mejor de los casos irresponsable en el peor de ellos, promueve y sustenta estereotipos a la vez que propaga desinformación. La televisión es la mayor culpable. A menudo, los hechos quedan en segundo plano respecto a lo que esta o aquella figura política dice sobre los inmigrantes. El contexto es el fantasma invisible que asuela muchos segmentos de televisión, exitosos programas radiales y artículos de noticias. La mayoría de los periodistas e *influencers* de los medios con los que he hablado o me han entrevistado ignoraban información básica sobre inmigración y sobre cómo funciona el sistema —o cómo no funciona.

En los primeros días de *Define American*, nuestro equipo recibía pedidos regulares de las cadenas MSNBC, CNN y Fox News para hablar sobre el tema. Usualmente, los "vivos", como se les llama a esos segmentos, consistían en debatir con algún comentarista o algún asesor republicano. A veces el debate era con un demócrata y el segmento era presentado más como una conversación. Cualquiera que fuera el encuadre, duraba entre dos o tres minutos como mucho, lo que significaba que no contaba con más de cuarenta y cinco segundos —quizás un minuto, si tenía suerte— para desarrollar algún punto. A menudo, el tema era "reforma comprensiva del sistema de inmigración", o "la seguridad en la frontera", o la *DREAM Act*, como si esas fueran las únicas cuestiones que preocupan a los indocumentados en particular y a los americanos en general.

En febrero de 2017, un mes después de que el presidente Trump asumiera su cargo, acepté ir al programa de Erin Burnett en CNN. El tema era el plan de Trump de "asegurar la frontera". Antes de salir al aire, Erin se volvió hacia mí y me preguntó: "Entonces, todavía eres indocumentado, ¿verdad?". Me quedé atónito. ¿Acaso pensaba que ser indocumentado es como una luz que podía sencillamente encender o apagar a mi antojo?

Dos veces he sido invitado a *Real Time* con Bill Maher en HBO. Siempre hay una pequeña recepción para los invitados y sus acompañantes después de la grabación, y Maher se aparece por unos minutos para departir con los presentes. Después de mi segunda aparición en el programa, en abril de 2017, Maher me dijo en la recepción que se sentía confundido. "No entiendo por qué no puedes arreglar este asunto", como si "este asunto" fuera un diente roto o una abolladura en un Tesla. Si Maher no puede entender cómo alguien de perfil alto como yo no puede simplemente "arreglar el asunto", no debería sorprendernos que la mayoría, sin importar su filiación política, no tenga idea de cómo funciona el sistema de inmigración.

Si Bill Maher no lo entiende, pues estamos en problemas.

Cuando supe que Chuck Todd, el conductor de *Meet the Press* en NBC, tenía programado entrevistar cara a cara a Donald Trump luego de que este ganara la nominación presidencial republicana, en mayo de 2016, le envié un correo electrónico para preguntarle si podíamos conversar por teléfono. En la llamada, le dije que los asiáticos, y no los latinos, eran el sector que más crecía en la población indocumentada del país y lo insté a preguntarle a Trump de qué modo construir un muro en la frontera sur podía proteger a los americanos de asiáticos indocumentados que volaban directamente hasta aquí y se quedaban después de que expiraban sus visas. Añadí que, con casi tres cuartos de todos los adultos nacidos en el exterior, los asiáticos habían sobrepasado a los latinos como el mayor grupo de nuevos inmigrantes en los Estados Unidos.

"Es un buen punto", me dijo antes de colgar. Luego le envié por correo electrónico un artículo de *The Atlantic* cuyo titular era: "Los asiáticos ya sobrepasan en términos de crecimiento a otros indocumentados —chinos, surcoreanos e indios entre los segmentos de más rápido crecimiento entre los inmigrantes indocumentados". Todd nunca hizo la pregunta, quizás porque no encajaba en la narración general. O quizás porque se quedó sin tiempo.

Colectivamente, los medios periodísticos están perdiendo

la oportunidad de retratar un cambio demográfico como ningún otro que el país haya visto. Los estimados once millones de indocumentados no viven en una burbuja. Al menos cuarenta y tres millones de inmigrantes, documentados e indocumentados, residen en los Estados Unidos. No se puede separar a unos de otros, porque muchos indocumentados, yo incluido, tenemos parientes que son ciudadanos americanos o residentes permanentes legales. Al menos nueve millones de personas, de hecho, forman parte de las llamadas familias de "estatus mixto" —hogares en que uno o más miembros se hallan aquí legalmente y los otros no.

Raza, clase e inmigración están entrelazadas de un modo que las hace completamente inseparables. A diferencia de generaciones previas, mayormente europeas, los grupos más grandes de inmigrantes de hoy provienen de Asia y América Latina, un resultado directo de la Ley de Inmigración y Nacionalidad de 1965. La que se podría considerar la menos conocida, pero la más significativa de las leyes que han cambiado el rostro racial del país, fue aprobada un año antes que la Ley de Derechos Civiles (*Civil Rights Act*) de 1964 y menos de tres meses antes que la Ley de Derecho al Voto (*Voting Rights Act*) de 1965. La cronología es importante: sin la conciencia racial desarrollada por los americanos negros y sus aliados blancos durante el movimiento por los derechos civiles, esa legislación parteaguas en materia de inmigración no habría sido aprobada por el Congreso ni promulgada. Entre 1965 y 2015, los nuevos inmigrantes y su descendencia fueron responsables del 55% de aumento de la población de los Estados Unidos, de acuerdo con el Pew Research Center. En los próximos cincuenta años, se espera que los inmigrantes y su descendencia abarquen el 88% del total del crecimiento de la población del país. En otras palabras, un país que ha sido caracterizado durante mucho tiempo como un sistema binario de blanco y negro enfrenta una realidad demográfica mucho más compleja y sin precedentes.

Donde quiera que voy, llevo conmigo una copia de *Una nación de inmigrantes* del presidente John F. Kennedy, un curioso libro que comenzó a escribir durante los años cincuenta, una época también curiosa en la historia americana. Eran los tiempos de la posguerra de Elvis Presley y Marilyn Monroe, cuando se les negaba derechos civiles a los americanos negros y se restringía la inmigración mediante lo que Kennedy describía como "cuotas discriminatorias nacional-raciales". Ese es el período que Trump añoraba durante su campaña para presidente con el eslogan "Make America Great Again" (Haz América grande otra vez). "Entonces teníamos un país. Teníamos fronteras. Sin fronteras, no tienes un país", decía Trump de los cincuenta, apenas unas décadas después de que su abuelo migrara de Alemania.

En el libro, Kennedy, nieto de inmigrantes irlandeses, delinea la historia de la inmigración en el país y aboga por recibir más inmigrantes. "En total", escribe, "más de 42 millones de inmigrantes han llegado a nuestras costas desde el principio de nuestra historia como nación". La primera vez que leí el libro, el número me dejó atónito. Luego de investigar un poco, descubrí que gracias a la ley migratoria de 1965 que defendieron Kennedy y sus hermanos, Robert y Ted, más de cuarenta y tres millones de inmigrantes han venido a América, incluidos mis abuelos y muchos de mis tíos, tías y primos. Piénsenlo: cuarenta y dos millones de inmigrantes en 187 años, y, tras la ley, cuarenta y tres millones de inmigrantes en cincuenta años. Es un gran cambio en una América que siempre cambia y siempre se resiste al cambio. No es de sorprendese que estemos donde estamos.

Y, mayormente, no estamos en ningún lado.

Por lo general, los medios periodísticos carecen de claridad cuando tratan raza, inmigración e identidad como temas que se intersectan que afectan a americanos de todo tipo de origen étnico, racial y de clase. A menudo, muchos de mis colegas —en especial periodistas blancos, dado que la mayoría de las redacciones son lideradas y están pobladas por blancos— eligen no llamar racismo a lo que sí lo es, permitiendo que la ideología de la supremacía blanca se esconda detrás de frases como "migración en cadena", "bebés-ancla" e "imperio de la ley". Y mientras tanto, el definidor en jefe de nuestro país es el presidente Donald Trump, quien considera "enemigos del pueblo" a los miembros de los medios que exponen sus medias verdades y sus flagrantes mentiras. Si Trump ha podido hacer una carrera política cuestionando la ciudadanía del presidente americano al mando, quien resultaba ser el primer presidente afroamericano del país, por supuesto que cuestionará la ciudadanía de cualquier persona. En lo que toca a la inmigración y a la pregunta de quién es bienvenido, Trump es la culminación de una catástrofe bipartidista que se envilece cada vez más y de un público insensiblemente cómplice.

¿Cuándo seremos capaces de ver la realidad?

¿Cuándo enfrentaremos lo que está enfrente de nosotros?

¿Quién puede ejercer su derecho como ciudadano americano y por qué?

Mientras filmaba un documental en la Reserva India de Pine Ridge en Dakota del Sur, se me acercó un estudiante de dieciséis años de Crazy Horse School. "Sé quién eres", me dijo. "No puedes hablar de inmigración y no hablar de nosotros". En Pine Ridge, el 75% de los niños vive bajo el umbral de la pobreza. La tasa de abandono escolar está por encima del 70%. El desempleo es de entre el 85 y el 90%. Me avergüenza decir que jamás había visitado una reservación antes. Fue abrumador ser testigo de la desesperación y la desesperanza que abunda en ese lugar.

Después de hablar en Wilmington, Carolina del Norte, una anciana negra me retuvo. "No soy inmigrante, Sr. Vargas", me dijo. "Nuestra gente fue traída aquí contra su voluntad". Sacó un pedazo de papel de su cartera y, con un fuerte acento sureño, continuó: "Sr. Vargas, mi tátara tátara abuela desembarcó cerca de Charleston, Carolina del Sur, y le dieron esto". Abrió el papel, arrugado y amarillento. Era un boleto de venta. No había visto uno antes. "¿Puede vincular este papel con los papeles que usted y su gente no pueden conseguir?".

De acuerdo con un estudio de la Universidad de Harvard, el Huracán María, la mayor catástrofe en la historia de Puerto Rico, le costó la vida a 4645 personas —más que las muertas a causa de los ataques del 11 de septiembre de 2001 y por el Huracán Katrina juntos. Pocas semanas después de la tragedia, un joven de San Juan me envió un correo electrónico. "Ey, Jose", me escribió, "sé que no eres ciudadano de los Estados Unidos, pero ¿estás seguro de que quieres serlo? Yo soy ciudadano y eso no lo garantiza todo, *man*".

Entre 1898 y 1935, Filipinas y Puerto Rico eran consideradas "posesiones de ultramar" por el gobierno de los Estados Unidos. Aunque esto pueda sorprender a algunos americanos, su país todavía posee Puerto Rico.

18.
¿Quién soy?

"¿Quién es Jose Antonio Vargas?", decía el titular de una columna de Jack Shafer. Crítico de medios de *Slate*, Shafer procedía a compararme con Janet Cooke, una reportera del *Washington Post* que ganó un Pulitzer en 1981 por un artículo sobre un niño de ocho años adicto a la heroína, que ella había inventado. "Sé que las dos mentiras no son exactamente análogas. Cooke contó sus mentiras para inflar su estatus, Vargas para normalizar el suyo", escribió Shafer. "El problema con los mentirosos contumaces —y Vargas confesó haber dicho mentira tras mentira para protegerse de la deportación— es que tienden a volverse buenos en ello. Mentir se convierte en un reflejo. Y un mentiroso confeso no es alguien que uno quiere tener trabajando en su periódico…".

"Hay algo respecto a este tipo", concluía, "que le provoca picazón a un periodista".

Comprendo la picazón de Shafer. No puedo ser moralista porque mentí —reiteradas veces y a sabiendas. Pero sus palabras me llevan a preguntarme qué está obligado a revelar un periodista sobre su vida. ¿A qué privacidad tenemos derecho en lo que concierne a nuestra propia historia? ¿Alguna vez

Shafer les ha ocultado algo a sus lectores, especialmente sobre su vida personal? ¿Qué habría pasado si hubiera descubierto a los dieciséis años que era una persona "ilegal" en un país que creía haber adoptado como propio? ¿Se habría dirigido al aeropuerto más cercano y volado de regreso al sitio, cualquiera que fuere, del que lo habían enviado? ¿Qué clase de decisiones cruciales tuvo que tomar cuando era adolescente? ¿Y cómo lo hizo? El periodismo es una pecera, especialmente en Washington, D.C.; por lo general, los reporteros y editores tienen menos de tres grados de separación. Quise enviar un correo electrónico a Shafer —habíamos intercambiado mensajes en el pasado, después de que elogié una de sus columnas. Admiro su trabajo, y quería llamarlo por teléfono para explicarle por qué hice lo que hice. Pero me contuve al comprender que tenía cosas más importantes de qué preocuparme que la picazón de Jack Shafer.

Mis mentores en el periodismo, especialmente los de color, me instaban a "endurecerme". El activismo y el periodismo son vistos como mutuamente excluyentes, especialmente si eres mujer, *queer* o de color, ya que tu mera identidad, tu mera presencia, visible o invisible, puede ser interpretada como una agenda política en redacciones usualmente dirigidas y pobladas por los hombres blancos heterosexuales que establecen y permiten que existan los parámetros de la gran narración. Cuando empecé a trabajar en redacciones, a fines de los noventa y hasta mitad de la década de 2000, me aconsejaron que no fuera tan explícitamente gay. Después de que yo publicara una serie de historias sobre el SIDA en Washington, un editor de más edad que admiraba pasó una tarde por mi escritorio. "¿De veras quieres ser el reportero gay que escribe sobre SIDA?", me preguntó. El periodista del que hablo es un hombre blanco heterosexual. "Esa no es la forma de progresar en el *Post*". Muchos periodistas, incluidos mis propios amigos, temían ser etiquetados de "periodistas con una causa", como si eso denigrara su trabajo. "Los periodistas te van a llamar diversas cosas: 'periodista con una causa', 'periodista-activista', lo que sea. Lo que te digan usualmente refleja cómo se ven a ellos mismos", me advirtió Marcia Davis, mi editora durante años en el *Post*, que es negra. "Lo único que puedes controlar", me recordó, "es tu trabajo".

Pero ¿cuál es mi "trabajo"?

Dado que había pasado trece años de mi vida trabajando en salas de redacción, ya que sólo he sido periodista, me sentía completamente desorientado, como pez fuera del agua. Solía tener un solo rol: reportar bien una historia y escribirla lo mejor posible. Ahora tenía muchos roles, la mayoría proyectados en mí por otros: "el rostro de los inmigrantes indocumentados" —como si un tema tan complejo y cargado como la inmigración "ilegal" pudiera ser representado por una sola cara y una sola historia—; "vocero de los derechos de los inmigrantes" —como si fuera una colección ambulante de argumentos—; y, más desconcertante aún, "líder de los derechos de los inmigrantes". Jamás me consideraría un "líder" y usualmente huyo de la gente que se considera tal. Súbitamente, no era más un ser humano. Al crear *Define American* con mis amigos, había tomado posesión de un tema y me trataban como si fuera este.

El lenguaje que utilizamos en los Estados Unidos para hablar sobre inmigración no reconoce las realidades de nuestras vidas, que dependen de condiciones que ni creamos ni podemos controlar. Principalmente: ¿por qué se les llama "expatriados" a los blancos, mientras que a la gente de color se la llama "inmigrante"? ¿Cuál es la diferencia entre "colono" y "refugiado"? El lenguaje mismo es una barrera que nos impide acceder a la información, una muralla que no nos permite comprender el inalienable instinto humano de moverse, de cambiar de sitio. Después de todo, los Estados Unidos fueron creados sobre la base de esa libertad. Una lectura cuidadosa de la Declaración de Independencia deja en claro que, entre las razones que impulsaron la rebelión contra Gran Bretaña, estaba el mal manejo de la migración por parte de la corona. De los veintisiete reclamos al monarca en la declaración, el séptimo declara: "Él", por el rey Jorge III, "se ha esforzado por impedir el poblamiento de estos Estados, obstruyendo con ese propósito las Leyes de Naturalización de Extranjeros, rehusando aprobar otras que alentaran la migración a estas partes".

Un país tiene el derecho de definir y defender sus fronteras, lo entiendo. Pero nuestra historia, pasada y presente, prueba que América ha estado definiendo y defendiendo sus fronteras al tiempo que las expande a su modo. También entiendo que un país tiene el derecho de saber quién reside en su interior y de dónde viene esa persona. Fue una de las razones por las que salí del clóset como indocumentado. Dicho esto, agrego que, entre todos los países, este, que fue fundado sobre la base de la libertad de movimiento, debe mirarse en el espejo clara y cuidadosamente antes de poner precio y fijar costo sobre quién tiene el derecho de ser americano en un siglo XXI globalizado e interconectado. Esta última es una realidad de la cual son responsables principalmente el gobierno americano y las corporaciones multinacionales americanas, por medio de las guerras que iniciamos, los iPhones que vendemos, los programas de televisión que transmitimos y las películas que hacemos. Es una realidad en la cual los tuits y mensajes de Facebook viajan más rápido y más fácilmente que los seres humanos.

La migración es algo natural, la raíz a partir de la cual se establecieron las civilizaciones, las naciones-estado y los países. La diferencia, empero, radica en que, si son blancos quienes se mudan de sitio, la empresa es vista como valerosa y necesaria, y celebrada en los libros de historia —pasaba antes y pasa todavía hoy. Pero cuando es gente de color quien lo hace, se la somete al tamiz de la legalidad. ¿Es un crimen? ¿Se asimilarán? ¿Cuándo se detendrán? Tenemos el derecho humano de movernos: los gobiernos deberían atender ese derecho en lugar de limitarlo. Se estima que hay unos 258 millones de migrantes en el mundo. Ese movimiento sin precedentes —lo que algunos llaman "la crisis global de la migración"— es, en verdad, una progresión natural de la historia.

Y muchos de nosotros migramos a países que previamente nos colonizaron o sometieron a su imperio. Sí, estamos aquí porque creemos en la promesa del Sueño Americano —la búsqueda de una vida mejor, el desafío de soñar en grande. Pero estamos aquí también porque ustedes estuvieron allí primero: es el costo del imperio americano y la globalización, el impacto de decisiones económicas y políticas. En esta era volátil en los Estados Unidos y el mundo, necesitamos un nuevo lenguaje sobre la migración y el sentido de la ciudadanía. Nuestra supervivencia depende de la creación y el entendimiento de este nuevo lenguaje.

Pocos meses después de publicar mi ensayo, comencé a inquietarme. No podía entender por qué no había oído ni pío del gobierno. Más aún, habiendo comenzado a viajar como una suerte de polemista portátil, todos me hacían esa misma pregunta, una y otra vez, tanto periodistas como el público.

Le consulté a Richard Stengel, por entonces uno de los editores en jefe de la revista *Time*, sobre la posibilidad de hacer un segundo artículo. Quería escribir sobre por qué no había sido deportado. Me presentó a Tom Weber, un experimentado editor que ideó una estructura para el artículo, que terminó convirtiéndolo en un ensayo de cinco mil palabras anunciado en la tapa de la revista. Escribí sobre las contradicciones de nuestro debate migratorio. Las encuestas mostraban un apoyo sustancial a la idea de ofrecerle un camino a la ciudadanía a gente como yo; sin embargo, el 52% de los americanos estaba de acuerdo con que se le permitiera a la policía detener e interrogar a cualquier persona que se sospecharan fuera "ilegal". Los demócratas son vistos como más receptivos a los derechos de los inmigrantes, pero la administración de Obama elevó de forma rampante el número de deportaciones. El Partido Republicano, que favorece los negocios, alberga los más virulentos dirigentes contra los inmigrantes, aunque muchas industrias, de la agricultura a la construcción y al procesamiento de alimentos, dependen de la mano de obra barata.

En el artículo respondí a preguntas como:

¿Por qué no te legalizas?

¿Por qué obtuviste un permiso de conducir si sabías que era ilegal?

¿Así que no eres mexicano?

¿Por qué saliste del clóset?

Para la pregunta que deseaba responder al final, hablé

con Gaby, la joven indocumentada ecuatoriana que había conocido y de la que me había hecho amigo. Gaby se mudó a los Estados Unidos en 1993, el mismo año que yo. En 2006, varios oficiales de inmigración allanaron su casa; su familia fue apresada y su padre tuvo que ponerse un brazalete en el tobillo. Ha estado luchando contra su deportación desde entonces. Gaby, que tiene tres títulos en la rama de la educación, quiere ser maestra de educación especial, pero su vida está en suspenso. Mientras tanto, ve cómo sus amigos documentados obtienen trabajos y planean su futuro.

"Para mucha gente, salir del clóset es una forma de decir que no estás sola", me dijo. "En nuestro movimiento, sales del clóset por ti y también por otros".

En un principio, los editores de *Time* querían ponerme en la tapa de la revista.

Como yo no quería que *Define American* se convirtiera en el *show* de Jose Antonio Vargas, propuse una alternativa. "¿Qué tal si consigo unos treinta jóvenes indocumentados que acepten estar en la tapa?", le pregunté a Paul Moakley, uno de los editores de fotografía.

Paul se mostró sorprendido.

"¿Cómo vas a encontrarlos? ¿Aceptarán ser fotografiados? ¿Podemos usar sus nombres?".

Le pedí que me diera un par de días para ver cómo podíamos hacerlo. Después, llamé a Gaby. Inmediatamente formulamos un plan. Comencé a llamar a los *Dreamers* que conocía: César Vargas en Nueva York, Erika Andiola en Arizona, Julio Salgado y Mandeep Chahal en California, un niño llamado Víctor, que acababa de conocer durante un viaje a Alabama.

Por su parte, Gaby conocía aún más gente que yo. Estaba particularmente entusiasmada de invitar a Lorella Praeli, una joven peruana indocumentada de Connecticut. Yo era enfático en que la fotografía debía representar a toda la población indocumentada, así que necesitábamos encontrar inmigrantes asiáticos, negros y blancos. Afortunadamente, Tony Choi, nacido en Corea del Sur, Tolu Olubunmi, nacida en Nigeria, y Manuel Bartsch, de Alemania, aceptaron participar. Por entonces, *Define American* era una organización de voluntarios que no tenía dinero; yo no tenía dinero. Pero temía que si le pedía a *Time* que pagara vuelos y habitaciones de hotel a gente indocumentada, algunos de los cuales jamás habían viajado en avión, los editores se pondrían nerviosos y quizás retrocederían. Así que le pregunté a Frank Sharry —un activista con muchos años de experiencia, un libro de historia viviente sobre las políticas de migración— si su organización, *America's Voice*, podía cubrir los gastos. No sólo dijo que sí, sino que me conectó con su colega Pili Tobar, quien se ofreció a ayudarme con la logística. Lucía Allain, una joven peruana indocumentada, fue de gran ayuda coordinando horarios. Estaba sobre todo preocupado por Víctor, quien venía de Birmingham: jamás había estado en un avión ni pasado por un aeropuerto. Para pasar la seguridad planeaba usar su pasaporte mexicano, la única identificación oficial que poseía. Muchos indocumentados utilizan los pasaportes de sus países de origen para tomar vuelos domésticos. Yo tuve que hacer lo mismo. Como habían temido mis abogados, el Departamento de Licencias del Estado de Washington canceló mi permiso de conducir dos semanas después de que hiciera pública mi situación. Uno de mis abogados sugirió que consiguiera un pasaporte válido de la embajada filipina, y así lo hice.

Pero un pasaporte de ese tipo no tiene el visado correspondiente para permanecer en el país, lo que puede llevar a que un agente de la Administración de Seguridad en el Transporte (TSA) chequee el estatus migratorio. Era arriesgado, especialmente si se trata de un pasaporte mexicano, pues a menudo los hombres y mujeres de ascendencia mexicana son detenidos por prejuicio racial. Queríamos asegurarnos de que Víctor tuviera toda la información necesaria para tomar su propia decisión. Lo entrenamos para pasar los controles de TSA: no luzcas nervioso, asegúrate de que tus manos no tiemblen cuando muestres tu pasaporte, no sonrías demasiado. Para alivio de todos, pasó.

En cuarenta y ocho horas habíamos reunido a treinta y cinco *Dreamers* en un estudio del Meatpacking District para la foto. La mayoría no se conocía. Todos aceptaron aparecer en la tapa de una revista importante —no podía decirles cuál—; me aseguré de no hacer promesa alguna, en caso de que el asunto no funcionara por algún motivo. Su confianza en mí —la mayoría solo me conocía de nombre— fue una lección de humildad.

La sesión de fotos, que duró varias horas, es uno de los momentos de los que he estado más orgulloso en toda mi vida. El fotógrafo, Gian Paul Lozza, y sus asistentes trataron a todo el mundo con gran dignidad. Había maquilladores que se aseguraron de que todos recibieran algún retoque antes de la foto de grupo y de las fotos individuales. Pensé en Ellen DeGeneres en la tapa de *Time* y en lo que esa foto había significado para mí. No podía imaginar lo que esta nueva tapa de la revista —tantos rostros, con nombres e historias— podría significar para otros indocumentados.

Cuando la foto de grupo fue aprobada y se confirmó que los treinta y cinco aparecerían en la tapa de *Time*, le envié un correo electrónico a uno de los editores de más alto rango de la revista. Tenía un pedido: fuera lo que fuera que hicieran, que por favor no nos llamaran "ilegales" en la tapa.

El título del artículo —que terminó siendo el artículo de la tapa de todas las ediciones internacionales de *Time*— decía: "Somos americanos, sólo que no legalmente".

Había rumores de que la administración de Obama estaba preparando medidas que les brindarían a los jóvenes protección temporaria respecto a la deportación y permisos para trabajar y conducir. Yo mismo había oído que había algo en marcha, pero no estaba seguro. Gaby sabía más, porque había estado haciendo *lobby* en la Casa Blanca. Sensible a la crítica de que era el "Deportador en Jefe", Obama se había puesto a evaluar opciones con su equipo. Parte de la ecuación, estoy seguro, era la inminente elección presidencial, en la que el voto latino podía ser un factor decisivo.

Fueran cuales fuesen los factores, el 15 de junio de 2012, día en que *Time* salió a la venta, Obama anunció la creación de lo que sería conocido como *DACA,* sigla de *Deferred Action for Childhood Arrivals* (Acción Diferida para los Llegados en la Infancia). De inmediato, DACA fue considerada una "extralimitación presidencial". En el universo de Fox News, Drudge y Breitbart era considerada algo así como una "amnistía", cosa que ciertamente no era. Si solo se toma en consideración su parte idealista, se puede decir que DACA ha sido el avance más significativo en la lucha por los derechos de los inmigrantes desde que el presidente Ronald Reagan firmó la Ley de Reforma y Control de la Inmigración (*Immigration Reform and Control Act*) en 1986: gracias a DACA, casi 850 000 jóvenes americanos indocumentados pueden perseguir sus sueños. Pero he aquí la versión realista: para estar en la lista de DACA, hay que pagarle casi quinientos dólares al gobierno para que, durante dos años, no te deporte del único país que has conocido como propio. El programa de DACA es temporario y no todo el mundo califica.

De los treinta y cinco *Dreamers* en la tapa de *Time*, seis no podían aplicar al programa por diversas razones. Yo era uno de ellos: la edad límite era treinta años, y yo me había pasado por poco más de cuatro meses. Me sentía decepcionado, y más aún mi familia, especialmente Lola. No sé qué costo han tenido para ella mi vida pública, y las amenazas y críticas que esta ha acarreado. Recuerdo que me llamó el día en que se anunció DACA, después de advertir que yo no estaba incluido.

—*Okay ka lang pa, apo ko*? (¿Estás bien, nieto?).

Sí.

—*Alam ko ang dami mong sinakripisyo*" ("Sé que has sacrificado mucho").

—No tanto como tú —dije.

Podía oírla llorar.

Una semana después de la publicación de *Time*, estaba en la fila del control de seguridad del Aeropuerto Internacional John F. Kennedy. La agente de TSA, una mujer negra de veintipico con una coleta, me hizo un gesto con la cabeza como si supiera quién era. Sentí que se me endurecían los brazos. Aferré el teléfono, en caso de que necesitara llamar a alguien de urgencia. Cuando me tocó mostrarle mi pasaporte filipino sin visa —la única identificación que tenía para viajar—, estaba listo para lo que fuera.

Me sonrió.

"¿Eres Jose, verdad?", preguntó, bajando la voz para que nadie pudiera oírla. "Mi cuñado es indocumentado. Compré la revista". Sacó una *Time* de su bolso y me pidió que se la autografiara.

19.
En el interior de Fox News

"Debería haber llamado a ICE", me dijo Tucker Carlson segundos antes de que su programa saliera en vivo en Fox News. Era mayo de 2017. No sé qué tan en serio lo decía, pero el hecho de que siquiera considerara decirme eso me recordó qué difícil es para algunos americanos mirar a las personas indocumentadas en tres dimensiones. Tucker jugueteaba con su corbata; yo estaba sentado frente a él, en su estudio en Washington, D.C. Debajo de toda la bravuconería, es un tipo nervioso.

Añadió: "Habría sido televisión de la buena".

Para eso estaba yo allí: "televisión de la buena". Que me enfureciera, me incomodara y me sacara de quicio, todo eso era irrelevante. De hecho, la agitación y el nerviosismo que se adueñaba de mi cuerpo en ese momento me hacía aún mejor para la televisión. Carlson lo sabía, e imagino que por eso dijo lo que dijo. Peor, yo también lo sabía, pero no podía controlar mis nervios.

Es difícil exagerar el papel jugado por el canal de noticias Fox News en fijar, diseminar y consolidar la narración antiinmigrante que fue fundamental en la elección de Trump.

Yo diría que ningún otro canal de noticias ha dominado un tema específico del modo en que Fox News ha moldeado el de la inmigración. Aunque no todo el mundo mira Fox, ha sido el canal de cable de noticias más visto por más de doce años y ha logrado formar la percepción imperante sobre los inmigrantes y nuestras familias, especialmente la percepción de aquellos que no tienen interacción directa con nosotros y solo nos conocen a través de los medios de comunicación. Organizaciones antiinmigrante que tienen vínculos con el nacionalismo blanco (entre ellas, *Federation for American Immigration Reform*, *Center for Immigration Studies* y *Numbers USA*) han pasado de ser consideradas marginales a fuentes creíbles por su presencia permanente en Fox. Medios como NPR, el *New York Times* y el *Washington Post* consultan y citan a líderes de estos grupos, en su presunto carácter de "expertos", para luego poder decir que han sido "equilibrados" al componer sus artículos. Estos grupos, bien financiados y organizados, lideran a la derecha a un nivel inigualado por los progresistas en una izquierda que tiene dificultades para encontrar un mensaje unificador y accesible.

En Fox, los "ilegales" son presentados como enemigos, una "carga" colectiva sobre la sociedad que "drena" los programas públicos y "roba" trabajos a los americanos nativos. Somos el Otro criminalizado y criminal, minuciosamente no-americano y reacio a convertirse en uno. Aunque Fox News no creó a Trump, le dio una cuestión social de la que adueñarse y un territorio sobre el que reinar.

En un principio me sentí conflictuado respecto de ir a Fox. No quería ser un personaje más de su guion, un cómplice de su charada. No quería ser usado. Pero mi amigo Jehmu

Greene, cofundador de *Define American*, me hizo cambiar de idea. Desinhibidamente progresista, Jehmu es una colaboradora pagada de Fox News. Es una de las pocas voces femeninas negras de la cadena. "Mira, es así: o estás en Fox desarmando los estereotipos sobre inmigración frente a espectadores que te pueden llamar ilegal a la cara", me dijo, "o te quedas predicando a los conversos".

He aparecido en Fox News numerosas veces en los últimos años, siendo entrevistado, en la mayoría de los casos, por Carlson, Bill O'Reilly, Megyn Kelly y Lou Dobbs. Cada una de esas apariciones requiere una preparación cuidadosa que, en última instancia, se reduce a asegurarme de estar lo suficientemente calmado como para ponerme frente a la cámara. Mantener la compostura significa controlar mis cejas gruesas y tupidas, que son la parte más expresiva e incontrolable de mi rostro. Los productores de Fox siempre han sido extremadamente amables y corteses conmigo, como si supieran todo lo que significa para mi aparecer en sus programas.

Pero no había forma de prepararme para el momento en que O'Reilly, en noviembre de 2014, me dijo al aire: "Usted y los otros que están aquí ilegalmente no se merecen estar aquí. Eso es duro, es duro, *¿okay?*".

¿Acaso se suponía que respondiera "*okay*"? Era apenas la segunda vez que iba al programa de O'Reilly; la primera había sido una entrevista vía satélite. O'Reilly es como ese tío malhumorado que todos tenemos, tan tosco y brutal en persona como al aire.

Nuestra entrevista tuvo lugar el mismo día en que el presidente Obama anunciaba que expandiría DACA para proteger a más inmigrantes, incluidos algunos de más edad como yo y los padres indocumentados de los niños que ya eran ciudadanos norteamericanos. O'Reilly me cogió con la guardia baja. Lo único que pude hacer fue repetir sus palabras en mi cabeza.

Excepto que lo dije en voz alta.

"Yo no merezco…".

O'Reilly, como suele hacer, me interrumpió: "¿*Okay*? No tiene el derecho de estar aquí".

Lo corregí.

"No me siento con derecho a estar aquí", dije. Hice un gran esfuerzo por no alzar una ceja para no lucir enojado o alterado. "Aquí es donde crecí, donde está mi hogar, mi familia está aquí".

Ese diálogo nubló y corrompió mi mente durante semanas. La única idea que me ayudó a librarme de él fue: ¿qué ha hecho O'Reilly para "merecer" estar aquí? Si sólo se me hubiera ocurrido hacerle esa pregunta al aire.

Estaba aún menos preparado dos años después, cuando los productores añadieron un invitado de último minuto a una entrevista cuya transmisión estaba programada para coincidir con la Convención Nacional Republicana en Cleveland.

Originalmente, se suponía que la entrevista era entre Kelly y yo. Pero justo antes de salir al aire, me dijeron que había una invitada más: Laura Wilkerson, cuyo hijo Josh había muerto a manos de un inmigrante indocumentado. Los productores nos sentaron uno junto al otro durante la emisión.

"Permítame empezar con usted, Laura", dijo Kelly, mientras yo me movía incómodo en la silla, frunciendo el ceño. Kelly se refiere a nosotros como "ilegales" o "inmigrantes ilegales". Pero en persona, en mi cara, sólo me llama indocumentado.

"Usted quiere una política más dura contra la inmigración ilegal", continuó Kelly. "Y se halla sentada junto a Jose, quien es un inmigrante indocumentado confeso. Es decir, ¿es duro mirarlo y decirle 'quiero que te echen'? ¿Algo como 'Quiero el plan de Trump que va a llevar a que seas deportado'?".

Se me revolvió el estómago. Podía sentir cómo me encogía. Quería irme. Hasta hoy no sé cómo me las apañé para continuar sentado.

"Yo pienso que si no eres ciudadano de los Estados Unidos no tienes derecho a opinar, especialmente cuando se discuten leyes", respondió Wilkerson. Podía sentir su rechazo mezclado con un profundo sentimiento de pérdida. "No tienes derecho a opinar".

Pero estaba sentado junto a ella. Estábamos compartiendo nuestras opiniones.

En ese momento, lo único que podía hacer era dirigirme a ella y reconocer su pena.

—Siento mucho [su pérdida] —dije—. Estamos a la merced de los congresistas, que no han hecho nada.

—No le toca al Congreso hacer nada —respondió ella—. Le toca a usted ponerse en fila y convertirse en ciudadano americano.

Prosiguió:

—Hay una ley. Necesita ser aplicada. Cerrar las fronteras. Aplicar las leyes que existen y, ya saben, bienvenidos a América si vienen por la puerta del frente.

—En realidad, señora, no hay ninguna fila en la que me

pueda poner —le dije. Y me dije: mírala a los ojos; no la interrumpas; sé cortés. Continué—: Por eso necesitamos que se haga algo. El próximo mes habré pasado aquí veintitrés años...

—Entonces ha tenido mucho tiempo —dijo Wilkerson.

—Si hubiera algún proceso legal, lo hubiera seguido.

Kelly intercedió y le dijo a Wilkerson que yo había sido traído a los Estados Unidos. Pasaron segundos que parecieron horas antes de que Kelly le preguntara si estaba a favor de alguna forma de legalización para inmigrantes como yo.

—Póngase en fila y venga y díganos quién es —respondió Wilkerson—. Tenemos el derecho de saber quién está en este país. Eso es lo único que creo. Sabe, se han puesto en riesgo al venir aquí.

No hubo tiempo de responder.

Yo quería repetir: no hay fila.

Quería gritar una y otra vez : ¡NO HAY FILA! ¡NO HAY FILA! ¡NO HAY FILA!

Quería decirle que ella no tenía idea del riesgo, así como yo no tenía idea de lo que era perder un hijo.

Me pareció indescriptible que se hubiese ocasionado tanto daño a nuestro alrededor.

20.
Persona pública y privada

Nunca me consideré un activista. De hecho, no estaba seguro sobre la definición exacta de la palabra, así que la busqué. De acuerdo con el diccionario Merriam-Webster, "activista" es tanto un sustantivo como un adjetivo. Un "activista" es "una persona que actúa o apoya acciones fuertes (tales como protestas públicas) en apoyo de, o en oposición a, una postura en una cuestión controversial". Más allá de la definición, y dejando a un lado si yo apoyo o me opongo, mi declaración pública de ser indocumentado fue considerada una forma de activismo por gente de derecha e izquierda.

Dado que soy visible en las redes sociales, los ataques y demandas de toda clase de personas —gente de todo tipo, de la derecha a la izquierda— son frecuentes. En todo momento, gente que me ha visto en Fox News o ha leído sobre mí en sitios conservadores como Breitbart News, el *Daily Caller* o Newsmax envía mensajes públicos y privados exigiendo mi arresto y deportación. En los primeros días y semanas de la presidencia de Trump, tuits como "La Navidad llegó temprano este año. Llegará aún más temprano el año próximo, cuando @joseiswriting se convierta en el Deportado #1" y

"Espero que hayas empacado @joseiswriting" comenzaron a inundar mi cuenta de *Twitter*.

Cuando circuló la información de que los agentes del Servicio de Inmigración y Control de Aduanas (ICE) buscaban a "inmigrantes ilegales de alto perfil", me cayó encima una lluvia de mensajes, en su mayoría de usuarios que no utilizaban nombres o imágenes reales en sus perfiles. Usualmente los ignoro, pero un tuit de John Cardillo, conductor del programa diario *America Talks Live*, en Newsmax, y cuya cuenta está verificada por Twitter, era difícil de ignorar:

Ey @joseiswriting,

Tic toc

"ICE Detiene a Activistas Inmigrantes Ilegales"

A menudo, ignoro los tuits, los mensajes de Facebook y los correos electrónicos. Para tolerar los ataques personales que pone la gente online, y cuán desagradable y cortante puede ser su lenguaje, pienso en mí como en el personaje de una noticia. Intento, tanto como puedo, no prestarles atención a palabras de odio y frases deplorables: no hablan de mí; ni siquiera me conocen; ese "extranjero ilegal" que describen con tanta vulgaridad es otro, no yo.

No todas las reacciones, online u offline, son negativas. Después de mi primera aparición en *The O'Reilly Factor*, en junio de 2012, recibí un correo electrónico de Dennis Murphy de Omaha, Nebraska, quien se presentaba como fundador y expresidente estatal de los *Minutemen* de Nebraska, que se habían fusionado con el *Tea Party* local. "Me impresionó muy positivamente su entrevista con Bill O'Reilly", escribió Murphy. "Usted se refiere a sí mismo en su blog como un 'americano indocumentado', una afirmación que creo que es justa y exacta".

A veces quienes me siguen en Twitter y me ven en Fox News no son quienes yo creo que son, del mismo modo que yo no soy quienes ellos creen que soy.

"¿Eres tú? ¿Eres el 'ilegal' de Fox?", me dijo un hombre blanco, alto, de mediana edad en pantalones caqui, camisa blanca a rayas y un abrigo negro de una talla demasiado grande para él. Estábamos parados en la terminal de Delta Air Lines del Aeropuerto Internacional de Tampa esperando para abordar el vuelo al Aeropuerto de LaGuardia, en Nueva York, donde yo tenía reuniones. Era febrero de 2015, y acababa de dar un discurso en un evento para jóvenes latinos y afroamericanos interesados en ingresar en la universidad *Black, Brown & College Bound Summit for African American and Latino Students,* en un hotel del centro de Tampa.

Por las apariciones televisivas, a veces me reconocen en público, mayormente en aeropuertos, o en Starbucks. Es más o menos 70–30: la mayoría de la gente simpatiza conmigo y muchos "salen del clóset" como indocumentados. Algunos se ponen un poco agresivos y preguntan por qué todavía no me han deportado. A menudo me pongo a conversar.

Pero estaba cansado esa tarde en Tampa. En lugar de responder, medio asentí con la cabeza y me fui, arrastrando mi equipaje.

He pasado más tiempo en aeropuertos y aviones que en cualquiera de los apartamentos en los que he vivido. Cambié de residencia cuatro veces en los últimos siete años (Nueva York, Washington, D.C., San Francisco, Los Ángeles), mientras viajaba por innumerables ciudades y localidades de cuarenta y ocho estados para participar en más de mil eventos: interviniendo en paneles, ofreciendo discursos, visitando escuelas, reuniéndome con gente de todo tipo. Viajo tanto, especialmente en Delta Air Lines y American Airlines que a menudo me pasan a primera clase, como ocurrió esa tarde.

Pocos segundos después de subir al avión, mientras acomodaba mi equipaje, el hombre del abrigo extra grande me tomó por el hombro izquierdo mientras pasaba. "No sabía que los ilegales volaban en primera clase", dijo.

Me senté. No estaba seguro de si alguien más lo había oído, pero la mujer que aferraba su iPad al otro lado del pasillo debe haber visto mi cara de disgusto. Me había acostumbrado a escuchar todo tipo de palabras, pero era la primera que me tocaban y no sabía cómo reaccionar. Me sentía violentado; estaba furioso. Me puse los auriculares y traté de perderme en mis pensamientos junto a Ella Fitzgerald y Joni Mitchell. No funcionó. Pocos minutos después de que despegamos, me puse de pie y me dirigí al baño, aunque no lo necesitaba. Quería ver dónde estaba sentado el hombre, que resultó ser a mitad del avión, en un asiento del medio, entre dos mujeres. No me vio; o al menos, no lo creo.

¿Cuál era su historia? ¿Por qué pensaba que podía agarrarme así? ¿Acaso eso lo hizo sentirse bien? ¿Mejor, más fuerte, superior? ¿Qué pasaba por su cabeza cuando decidió que su mano podía aterrizar en mi hombro? ¿Qué más quería decir? ¿Qué más quería hacer?

¿Y qué debía hacer yo?

Compré acceso al Wi-Fi y entré en mi cuenta personal de Facebook, que solo mis amigos y parientes pueden ver. Resumí lo que había pasado y lo rematé con: "Este va a ser un vuelo incómodo".

"¿Incómodo para quién?", escribió mi amiga Tricia. "Tú eres el que vuela a todo dar mientras que él viaja en clase turista. Como debe ser".

Ojalá hubiera podido seguir el consejo de mi amigo Glenn: "Lo molestaste sólo por ser tú y hacer lo correcto. ¡Has ganado! No le dediques ni un segundo más de tu tiempo".

No se trataba de ganar o perder, pero no podía dejar de pensar en él sentado entre esas dos mujeres. Yo soy un tipo grande, y sus hombros eran más grandes que los míos. Algo no muy cómodo si uno va en el asiento del medio.

Todd metió la cuchara: "Pídele a la azafata que le envié champagne y mira cómo estalla su cabeza".

¿Debía decirle a la azafata?

No sabía qué hacer hasta que leí lo que había escrito Graciela: "¿Así que estás en primera clase y él no? Suena perfecto".

Después de leer ese comentario, decidí hablarle.

Cuando aterrizamos en LaGuardia, tomé mis bolsos y esperé a que saliera del avión. Se sorprendió al verme esperando fuera de la terminal.

"Soy Jose", dije.

"Eric". Pregunté si era Eric con una "c" o Eric con una "k". Era la primera. No quiso darme su apellido.

Le dije que había sido pasado a primera clase porque viajo mucho, un beneficio que la aerolínea ofrece de forma gratuita.

"Debe ser muy agradable", dijo Eric.

"Así es", repliqué, sintiéndome molesto conmigo por querer dar explicaciones. No le debía nada a este tipo. ¿Por qué estaba hablando con él?

"Mira, no quería parecer un pesado. Te he visto en TV. Fanfarroneando".

"¿Fanfarroneando sobre qué?".

"Ser ilegal".

Le dije que no era algo sobre lo yo fanfarroneaba, o de lo que estaba orgulloso. Era algo que quería arreglar y que no había forma de arreglar.

"¿Quieres legalizarte?".

"Por supuesto. ¿Por qué querría estar así?".

"Ah".

Vive en Nueva Jersey, en las afueras de Trenton. Dijo que tenía cuarenta y ocho años, que acababa de ser despedido de su trabajo en una compañía de seguros donde había trabajado casi una década. Es divorciado, con dos hijos, ambos adolescentes. Después de unos quince minutos de conversación, mientras caminábamos a buscar los equipajes, sintió la necesidad de aclarar que había votado por Obama dos veces. Le dije que Obama había deportado más inmigrantes que ningún otro presidente moderno, un hecho que pareció sorprenderlo.

"Política", dijo, encogiéndose de hombros.

"Maldita política", dije.

Le di mi tarjeta y escribí *DefineAmerican.com/facts* en el reverso. El sitio, le dije, tiene toda la información sobre inmigración que pudiera llegar a necesitar. Quería preguntarle si sabía de dónde habían venido sus ancestros, si sabía qué papeles habían tenido cuando llegaron. Pero no lo hice. Le dije que tenía que irme y nos separamos. Todavía no me ha escrito.

No solo aquellos que me han visto en Fox News arrogan el papel de oficiales de inmigración para interrogarme sobre por qué estoy aquí.

En mayo de 2018, fui invitado a hablar en un simposio sobre el estrés durante los primeros años de vida. Organizado por, y con sede en, el Instituto Picower sobre Memoria y Aprendizaje del Instituto de Tecnología a Massachusetts, la reunión atrajo al quién es quién del mundo de expertos sobre la salud mental infantil. Barbara Picower, una de las primeras simpatizantes de *Define American*, inauguró el largo día de conferencias y se sentó en primera fila. Nunca había estado rodeado de tantos pediatras, investigadores y científicos, todos dedicados a estudiar y combatir lo que llamaban "estrés tóxico".

La primera en hablar fue la Dra. Nadine Burke Harris, fundadora del Center for Youth Wellness, cuya charla TED, "Cómo el trauma infantil afecta la salud a lo largo de la vida" ha sido vista más de 3,7 millones de veces. Antes de que Geoffrey Canada, creador de la muy elogiada Harlem Children's Zone, ocupara el podio para cerrar el día, participé en un panel. Había un centenar de personas en la habitación; algunos me habían visto en televisión o habían oído mi historia, otros no. Después de mi breve intervención, una mujer de mediana edad sentada en mitad del salón levantó la mano. Parecía sudasiática.

"Encuentro sus comentarios muy ofensivos, porque nosotros somos inmigrantes, vinimos legalmente a este país, seguimos todas las reglas", dijo, mirándome directamente a los ojos.

Sentí cómo subía la temperatura ambiente.

La mujer prosiguió.

"Usted no debería agrupar a inmigrantes legales e ilegales, porque nosotros seguimos todas las reglas que los Estados

Unidos nos pidió que siguiéramos. No violamos ninguna ley y entramos en el país legalmente".

Una joven sentada directamente frente a ella lucía más y más incómoda, hasta que pareció derretirse en el asiento. Creí oír que varios contenían la respiración. Otros me miraban horrorizados.

La mujer prosiguió, alzando la voz.

"¡Usted ha violado las leyes de este país! No ligue legal con ilegal. Somos diferentes. Nosotros no somos ustedes".

En ese momento intervine. No pierdas la calma, comencé por decirme. No grites. No te enfurezcas. No pierdas la calma.

"Oigo a menudo, y es importante responderla. De treinta y cuatro personas de mi familia filipino-americana, soy el único indocumentado. Así que no se puede separar 'legal' de 'ilegal' ", le dije. "Y por cierto, estoy aquí ilegalmente, pero como ser humano no puedo ser *ilegal*, porque eso no existe. Una persona no puede ser *ilegal*".

La mujer me interrumpió.

"Usted tuvo la oportunidad de legalizarse con la amnistía".

"Que fue en 1986", objeté. "Yo vine en 1993".

Uno de los organizadores del simposio intervino y dijo que la conversación estaba fuera de tema. Yo quería seguir. Quería mostrarles a todos en la sala que, en lo que toca a la inmigración, la ignorancia y la indiferencia van mucho más allá de los confines de Fox News, la radio conservadora y Breitbart. Ocurría aquí, en el MIT.

Después del panel, los asistentes comenzaron a salir. Busqué a la mujer y la encontré. No quiso darme su nombre. Dijo que había emigrado de la India y que se había convertido en ciudadana norteamericana por su marido. También me dijo que era abogada de inmigración. Me dejó anonadado. Si una abogada de inmigración tenía una idea tan nebulosa sobre las políticas de inmigración de los Estados Unidos, ¿de quién se podía esperar otra cosa? Ella me condenaba por no seguir un proceso que no existía. Respira, me dije. Inhala. Exhala. Ten compasión por esta mujer.

"Todos los recursos que son dirigidos a los ilegales deberían ir a los negros", dijo, refiriéndose al discurso de Canada. Canada es afroamericano. "Ellos son americanos. Usted no".

Le di mi tarjeta y me fui.

21.
Progreso

No soy republicano ni demócrata. No me identifico como liberal ni como conservador. En mi mente, el progreso —ser progresista— no debería limitarse a la política y ciertamente no debería ser dictado por un partido. Pero dado que soy indocumentado y gay y una persona de color, se me considera progresista. Y lo que pasa con ser un "activista" en círculos progresistas, es que nunca eres lo suficiente activista o progresista.

Tan difícil como ha sido exponerme a la flagrante ignorancia y al odio sin disimulos de la gente de la derecha, igual de costoso, emocionalmente, ha sido someterme a las expectativas y demandas irreales de la izquierda. Por supuesto, identificar a las personas como "de derecha" o "de izquierda" es una generalización enorme y riesgosa; pero, como soy alguien que recibe ataques variados de ambos lados, estoy dispuesto a correr el riesgo.

Soy relativamente un recién llegado al movimiento por los derechos de los inmigrantes que, dependiendo de quién cuente la historia, existió durante décadas y fue relanzado en a mitad de la década de 2000 por jóvenes indocumentados que maduraron en la era de los mensajes de texto y las redes sociales. Esencialmente, hay dos movimientos separados por la geografía y el dinero. Uno en Washington D.C., mayormente liderado por grupos concentrados en el tema de la inmigración, muchos de ellos latinos (y algunos asiáticos) que son afectados directamente. Estos grupos se alinean principalmente con los demócratas y los progresistas, y, en años recientes, se han sumado a su trinchera grandes empresarios como Michael Bloomberg, Rupert Murdoch (sí, el mismo Murdoch dueño de Fox News) y Mark Zuckerberg. (Mark se involucró después de que descubrió que un estudiante del cual era mentor era indocumentado). El segundo grupo se halla dispersado en otras ciudades y estados, y demasiado a menudo es ignorado en los acuerdos de trastienda de Washington, que solo ansían ganar titulares. Yo no estaba realmente consciente de esta dinámica generacional, geográfica y financiera cuando me declaré indocumentado y comencé *Define American*. Valoro mucho mi independencia, lo cual le parecía arriesgado a algunos, que se preguntaban por qué me molestaba en ir a Fox News y por qué estaba dispuesto a dialogar con republicanos.

Desde el comienzo dejé en claro que no era activista ni organizador. Yo reporto, escribo y hago documentales. Antes de declarar públicamente mi estatus, había comenzado a producir un documental para capturar en tiempo real la travesía en la que me hallaba y documentar con quién me encontraba en este camino. Lo llamé *Documentado*.

Sin embargo, para activistas y organizadores de con muchos años de experiencia, mi llegada a su movimiento era "tardía" y mi historia "demasiado complicada". Algunos defensores de la causa no sabían qué hacer conmigo. Cuando

Jake, cofundador de *Define American*, contactó a *Partnership for a New American Economy* —un grupo proinmigrante fundado por esa coalición de empresarios como Bloomberg y Murdoch— para hablar de una posible colaboración, fue rechazado. Me contó: "El hombre con el que me reuní dijo: 'Admiramos a Jose, pero admitió haber cometido fraude para conseguir trabajos y no podemos ser vistos promoviendo algo así' ". Esto es todo lo que les vale que haya dicho la verdad. Pensé: ¿conoce esta gente a personas indocumentadas reales y comprende lo que tenemos que hacer para sobrevivir?

Semanas después de que el *Times* publicara mi historia en 2011, almorcé con un veterano organizador por los derechos de los inmigrantes en D.C. Fue el primero en decirme en voz alta lo que otros activistas veteranos habían estado murmurando. Más o menos esto: que mientras la gente protestaba en las calles en 2006 —cuando cientos de miles de inmigrantes, documentados e indocumentados, inundaron las más grandes ciudades del país, incluida D.C.—, yo trabajaba en el *Washington Post*, manteniendo oculto mi secreto, ascendiendo en mi carrera. "No puedes culpar a la gente por preguntarse: '¿Esta también es una movida dentro de su carrera? ¿Esta fama instantánea?' ".

Esta crítica me tomó de sorpresa. Desde mi punto de vista, sacrifiqué mi vida profesional entera a cambio de mi libertad personal. Sabía que revelar mi estatus elevaría mi perfil público —así son las cosas—, pero la celebridad nunca fue, ni es, mi objetivo. Si se quiere considerar como una "movida en mi carrera", en todo caso ha sido un desvío: mi carrera periodística y como documentalista pudo haber ido en muchas otras direcciones. Tal como los abogados me habían advertido meses antes, revelar mi estatus de forma tan altamente visible me convirtió en una persona imposible de emplear. Tenía que preocuparme por ganar dinero para mí y para mi familia, dado que Mamá y mis hermanos en Filipinas dependían de una remesa mensual que les había estado proveyendo durante años. Mi hermana Czarina, que se hallaba en su última año de universidad, estaba especialmente preocupada. "*Kuya*", me preguntó por teléfono, "*pwede pa rin ba akong makatapos ng kolehiyo?*" ("Hermano mayor, ¿todavía puedo terminar la universidad?"). Aunque había ahorrado algún dinero con el que podía vivir por unos pocos meses, se acabó antes de lo que había planeado. Para marzo de 2012, nueve meses después de mi revelación, me quedaban 250,84 dólares en mi cuenta corriente y 66,74 en la de ahorros. Si Jake, Alicia y Jehmu no me hubieran prestado dinero, no habría podido seguir. Jake hizo una transferencia directa a mi cuenta en Bank of America para que pudiera pagar la renta. Me llevó meses encontrar una solución creativa *y* legal para solucionar este problema. Formar mi propia organización me permitió aplicar mis habilidades y contribuir a reescribir la gran narración de la inmigración. Y dado que no podía conseguir empleo, ser un emprendedor indocumentado me permitió trabajar dentro de los confines de la ley.

Unos pocos activistas veteranos me miraban con desconfianza, que veces bordeaba en un benevolente pero palpable rechazo. Era considerado "demasiado privilegiado", "un oportunista", "un elitista". "Eres demasiado exitoso para representarnos", me dijo un jornalero indocumentado en un acto de noviembre de 2013, y se marchó antes de oír que yo solo tenía la intención de representarme a mí mismo. Sí lo escuché decir, por lo bajo, "Ni siquiera eres mexicano". El jornalero, un hombre entrado en los cincuenta años, estaba aceptando la gran narración de quiénes, y qué, se supone que son los inmigrantes indocumentados.

Su comentario fue más hiriente que cualquier otra cosa que me haya dicho un trol online, y me atormentó durante días. Me esforzaba por comprender la raíz de su frustración. ¿Se sentía insultado de que hubiera pasado por americano? ¿Asumía que yo quería vivir alguna versión del estereotipo "buen inmigrante"/"minoría modélica"? ¿Estaba frustrado porque alguien que no es mexicano —una identidad étnica que se ha vuelto sinónimo de la inmigración— estaba ocupando demasiado espacio? ¿Estoy ocupando demasiado espacio? ¿Y cuánto espacio debería ocupar? ¿Debo sentirme culpable porque logré pasar por americano gracias al color de mi piel, o por el acento tagalo que suprimí? ¿Qué clase de examen tengo que pasar ahora?

Los activistas más jóvenes no estaban seguros de qué hacer conmigo. Mientras pasaban sus años de escuela secundaria y universidad peleando por la *DREAM Act*, organizando a la gente online y en las calles, yo trabajaba en salas de redacción mintiendo sobre mi estatus migratorio y pasando por ciudadano americano para conseguir trabajos bien pagados. Una activista me escribió en un correo electrónico que no estaba contenta con que yo hubiera revelado tantos detalles, entre ellos, cómo obtener una licencia de conducir. "Pensé que era muy egoísta de tu parte (escribir) eso", dijo, "porque podría hacerle daño a nuestra comunidad y a personas como mi padre, que ha tenido que pagar para obtener un permiso de conducir durante los últimos 10 años".

Prosiguió: "Cuando leí sobre ti, pensé: 'Hemos estado luchando durante tanto tiempo. ¿Dónde estaba este?' ". Yo estaba ocupado mintiendo y haciéndome pasar por otro. Ahora intentaba compensar el tiempo perdido.

Las preguntas acerca de mis motivos y estrategias continuaron durante años, al punto que, como medida proactiva, comencé a referirme a mí mismo como "el inmigrante indocumentado más privilegiado de América". Era una forma de erigir una coraza contra las críticas. Era, también, una forma de ponerme otra máscara. Había cambiado una vida entera de pasar por americano, para poder trabajar por otra en la que constantemente proclamaba mi privilegio para poder subsistir en el mundo del activismo progresista.

La tarea de desmantelar la detención y deportación masiva de inmigrantes es tan imponente que aquellos que supuestamente están en el mismo bando tratan de alzarse por encima unos de otros. Las luchas internas han plagado toda clase de movimientos desde tiempo inmemorial. La diferencia actual radica en el carácter público de las redes sociales. No es suficiente con atacar los sistemas, también nos combatimos unos a otros abiertamente. El *bullying* se ha vuelto normal. En los últimos años de andar por los círculos del activismo progresista, he aprendido que hay todo tipo de fronteras, ninguna más alta, ni más escarpada, ni de mayor peso, que la que existe entre los seres humanos —incluso entre personas que luchan por la misma cosa, aunque no logren ponerse de acuerdo sobre qué cosa.

Dado que mis mentores y guías fueron tanto blancos

como negros, mi instinto es reunir a la gente. Del mismo modo en que la Sra. Denny no quiso dejarme atrás, tampoco yo quiero dejar atrás a nadie. Puede sonar mesiánico, quizás algo cándido, pero así soy. Debemos combatir la oposicó a los negros en todas las comunidades, especialmente en las comunidades inmigrantes no negras. El racismo antinegro entre latinos, asiáticos, árabes y personas del Medio Oriente es el otro lado de la moneda de la supremacía blanca. Debemos combatir la supremacía blanca donde se encuentre, tanto en círculos conservadores como progresistas.

Un mes después de que Trump anunció que se postularía para presidente, MTV presentó como parte de su campaña Luce diferente, un especial de una hora llamado Gente blanca. MTV colaboró con *Define American* en la película, que fue producida por Punched Productions y supervisada por el duo matrimonial Amelia Kaplan D'Entrone y Craig D'Entrone. Dirigí el especial, que, en muchos sentidos, era la continuación visual de la pregunta que planteé en 2003 en el artículo de primera página del *San Francisco Chronicle*: "¿Qué es 'blanco'?".

Bueno, a tenor de las entrevistas, las respuestas a esa pregunta van desde perdido a confundido, a pura negación.

Liderados por los productores Erika Clarke y Shauna Siggelkow, el equipo y yo filmamos durante tres meses entrevistas con *millenials* blancos de todo el país, incluida Katy, una muchacha de dieciocho años de Arizona que estaba convencida de que ser blanca le impedía obtener becas universitarias, un mito que, para mi sorpresa, creían muchas de las personas blancas que entrevisté, sin importar su orientación política —de hecho, los estudiantes blancos obtienen más becas escolares de forma desproporcionada respecto a los estudiantes de color. MTV condujo una encuesta nacional representativa entre *millenials*. Algunos de los resultados fueron inesperados. Yo no sabía que el americano blanco típico vive en una localidad en la que tres cuartos de la población es blanca. Tampoco había advertido que el grupo de amigos de una persona blanca promedio es, en un noventa por ciento, también blanco. Lo que significa que muchas de las interacciones de los blancos con personas de color e inmigrantes están limitadas a lo que consumen en los medios de comunicación: las noticias que informan su visión del mundo, los programas y las películas que conforman su sistema de realidad.

Lo más chocante fue descubrir que casi la mitad de los americanos blancos dicen que la discriminación contra los blancos es un problema tan grande como la discriminación contra las minorías. Y esta era gente joven. ¿Y sus padres? ¿Por qué piensan lo que piensan? Según mi experiencia, muchas personas de color, incluidos los inmigrantes, pueden estar tan aislados de los blancos como los blancos de ellos. Los blancos son vistos menos como individuos que como sistemas opresivos y avasallantes —sistemas que ignoran o que les resultan indiferentes, cuando no son cómplices a ciegas. Así que, ¿en qué punto medio podemos encontrarnos?

Mientras andaba de gira por el país representando a *Define American*, había llegado a la conclusión de que todo el mundo se siente excluido de América, incluso aquellos cuyos ancestros crearon los sistemas de exclusión y opresión. A medida que hacía las entrevistas, me preguntaba: ¿Y ahora qué? ¿Cuál es nuestra visión para una América más equitativa e inclusiva? ¿A qué se parece? ¿Dónde encajan los blancos? ¿Cómo demolemos la supremacía blanca sin empujar más gente a los brazos del nacionalismo blanco?

Después de que se transmitió *White People*, en julio de 2015, les dije a todos los que querían escuchar, en especial a mis amigos que eran reporteros políticos, que pensaba que Trump ganaría. En base a mis viajes y experiencias, comprendí que Trump había tocado un punto que se salía del esquema binario blanco-negro, que iba mucho más allá de la burbuja en la que viven los politizados de la Costa Este. Todos me dijeron que estaba loco. Se disculparon cuando ganó.

Cuatro días después de la elección de Trump, volé a Atlanta para dar el discurso central en Confronter la raza, una conferencia de tres días presentada por Carrera Hacia Delante: Centro para la Innovación en Justicia Racial. Esta es la reunión anual de activistas y organizadores de "justicia racial" y "justicia social", en la que paneles, talleres y sesiones de discusión tienen títulos como "Movimientos Multirraciales por las Vidas Negras", e incluían a Alicia Garza, una de las cofundadoras del movimiento *Black Lives Matter,* y a Michelle Alexander, autora del influyente libro *El nuevo Jim Crow.*

El auditorio estaba inquieto y nervioso, su frustración y confusión apenas contenidas. Quince minutos después de iniciar el discurso que había preparado y que había modificado para incluir mis ideas sobre qué debían esperar las comunidades inmigrantes en la América de Trump, un joven que las noticias identificaron como Jonathan Pérez, un inmigrante indocumentado colombiano, negro y de ascendencia indígena, comenzó a silbarme y a abuchearme. Pérez estaba al fondo del salón y no podía oírlo. Leí en las noticias que gritaba que obtener un documento de identificación americano, o la ciudadanía, "no debería ser un objetivo deseable para los indocumentados".

Lo que yo le oí gritar fue: "¿Y qué si no quiero ser americano?". Seguido de: "¡Yo no quiero ser americano!".

Públicamente, enfrente de casi dos mil personas, dije que yo defino americano según aquellos que han sido excluidos de la promesa de América, lo que incluye a los afroamericanos y a los nativo-americanos. Leí una cita de James Baldwin, palabras que había memorizado en el mismo momento en que las leí, al rebuscar libros en la Biblioteca Pública de Mountain View: "Amo a América más que a ningún otro país del mundo y, exactamente por esa razón, insisto en el derecho de criticarla a perpetuidad".

En privado, estaba agotado. Comprendía perfectamente lo que él estaba diciendo. La ciudadanía americana no es el *súmmum* para todo el mundo. No basta con haber nacido en América, o con jurar lealtad a la bandera durante la ceremonia de naturalización; no es una garantía. Hablen con los indígenas o las personas de color: aunque son ciudadanos norteamericanos por nacimiento, muchos son tratados como personas de segunda clase. Hablen con los indocumentados cuya idea de ciudadanía es proveer el sustento a sus familias y alimentar a sus hijos. Hablen con los residentes legales permanentes —quienes poseen *green cards*— que decidieron no dar el siguiente paso y no aplicar a la ciudadanía. Algunos no pueden pagar el costo, que es de unos 725 dólares. Otros sienten que América no es su hogar y que no se hace sentir como tal. América es simplemente donde viven y trabajan, donde ganan dinero. Para algunos, el hogar es la cultura del país de origen, no la cultura de la tierra adoptiva que les pide que se asimilen —lo que sea que eso signifique.

Quisiera poder decir que alcanza con ser ciudadano del mundo, pero no he podido ver el mundo, y todavía estoy tratando de entender qué significa para mí la ciudadanía, sin importar de qué país sea. Quisiera poder decir que alcanza con ser humano, pero hay veces en que no me siento como un ser humano.

Me siento como una cosa: una cosa que debe ser explicada, tolerada y aceptada; una cosa que pasa demasiado tiempo dando explicaciones a la gente para no tener que explicarse a sí mismo en qué se ha convertido. Me siento como una cosa que no puede simplemente ser.

TERCERA PARTE

Esconderse

1.
Mi gobierno y yo

Yo no me escondo del gobierno. El gobierno se esconde de mí.

Al menos así lo he sentido durante los últimos siete años en que he vivido públicamente como indocumentado, practicando lo que yo llamo "transparencia radical", que ha adoptado diversas formas. Alguna gente me acusa de emplear "trucos publicitarios", como si yo recibiese algún tipo de satisfacción masoquista al vivir en el limbo. Otros arguyen que no soy lo bastante radical, que no hago lo suficiente. Para ellos, debería estar liderando mitines, participando en protestas, quizás encadenándome a la Casa Blanca. Pero la única manera en que he sido capaz de sobrevivir a la incomodidad y la angustia de estos siete años ha sido haciendo lo que sé hacer, aquello para lo que la Sra. Dewar en Mountain View High School me dijo que era bueno: hacer preguntas.

"¿Planean deportarme?", pregunté a la funcionaria de inmigración que se puso al teléfono.

Era mayo de 2012. Me preparaba para lo peor después de declarar públicamente mi estatus: un posible arresto y encarcelamiento a cualquier hora del día. Para lo único que no estaba preparado era para el silencio, especialmente del gobierno; en particular, de los muchachos del Servicio de Inmigración y Control de Aduanas (ICE), que habían expulsado a casi cuatrocientas mil personas del país en el año fiscal de 2011, que había terminado el 30 de septiembre de ese año —exactamente cien días después de que saliera del clóset como indocumentado a través del *New York Times*. En 2010 habían sido deportados casi 393 000 inmigrantes; un año antes, casi 390 000. John Morton, quien encabezaba ICE, celebró los números de 2011 como el resultado de "una aplicación de la ley de inmigración inteligente y efectiva", basada en "fijar claras prioridades para la deportación y en ejecutar dichas prioridades".

"No he recibido noticias suyas", dije a la funcionaria, después de presentarme. Le expliqué que ya no iba a esconderme. Le confesé cuán ansioso me ponía no haber recibido noticia alguna de ICE, ni del Departamento de Seguridad Nacional, ni del Departamento de Justicia.

La agente, que trabajaba en las oficinas de ICE en Nueva York, donde yo residía por entonces, sonaba confundida. Dijo que sabía quién era.

—¿Por qué nos llama? —me preguntó.

—Porque quiero saber qué pretenden hacer conmigo.

—¿Qué está haciendo?

—¿Qué están haciendo *ustedes*?

Me puso en espera.

Pocos días después del año nuevo de 2013, se comunicó conmigo la oficina del senador Patrick Leahy, presidente del Comité Judicial del Senado, para pedirme que testificara en el Congreso. Sería una suerte de obertura para un último intento de aprobar una reforma a la ley de inmigración, una prioridad de la administración de Obama, quien no podría haber ganado la Casa Blanca sin el voto latino en 2008 y 2012, pero que había incumplido su promesa de ocuparse del asunto en su primer año de gobierno, cuando los demócratas controlaban tanto la Cámara de Representantes como el Senado.

Como no podía obtener respuesta alguna de la funcionaria de inmigración por teléfono, quise hacerles mis preguntas directamente a los miembros del Congreso; después de todo, dos de los senadores más antiinmigrantes del país, Jeff Sessions y Ted Cruz, eran parte del Comité. Janet Napolitano, quien dirigía el Departamento de Seguridad Nacional, también había sido citada para testificar. Para mí, nada proclamaba mejor que ya no me escondía del gobierno que aparecer ante el Congreso.

Quise convertir mi intervención en un asunto de familia. Jake Brewer, uno de mis mejores amigos, se hizo cargo de la logística para trasladar a todo el mundo de California a Washington: Lola, Tía Aída y Tío Conrad, más Pat, Rich y Jim. Jake se aseguró de que todos fueran bien atendidos. *"Itong si Jake ay sobrang mabait at marespeto"*, me dijo Tío Conrad al llegar a su hotel ("Este Jake es muy, muy amable y muy educado").

No recuerdo haber estado nunca tan nervioso como el día de la audiencia. Escribir mi testimonio, que no podía durar más de cinco minutos, ya había sido lo suficientemente intimidante. Me sentía preparado para responder cualquier pregunta que me hicieran; lo que me daba terror era perder la compostura y venirme abajo frente a los congresistas, a mi familia, a otros inmigrantes indocumentados que habían comenzado a amontonarse en la sala contigua para escuchar.

"Me presento ante ustedes como uno de nuestros once millones de inmigrantes indocumentados, muchos de ellos americanos de corazón pero sin los papeles necesarios para demostrarlo", comencé.

Lola estaba sentada detrás de mí. Estaba seguro de que podía oír cómo le latía el corazón. Me sentía tan abrumado por la fila de fotógrafos que no me atrevía a mirarlos.

"Demasiado a menudo somos tratados como abstracciones sin rostro y sin nombre, o tema de debate antes que individuos con familias, esperanzas, temores y sueños", proseguí, y conté mi historia: las mentiras que me vi forzado a decir para pasar por americano; los sacrificios de mi familia: Lolo, Lola y Mamá, especialmente Mamá; y la generosidad de Pat, Rich y Jim, subrayando la casi siempre olvidada realidad de que "hay incontables Jim Strands, Pat Hylands y Rich Fischers de todos los orígenes que están del lado de sus vecinos indocumentados" y que no necesitan "unos pedazos de papel, como un pasaporte o una *green card,* para tratarnos como seres humanos". No era el único que había dejado de esconderme. Ellos también.

A medida que me acercaba a las últimas frases del texto, tomé mi copia de *Una nación de inmigrantes* del presidente Kennedy. La introducción estaba escrita por Ted Kennedy, su hermano menor, quien había luchado por la aprobación de la Ley de Inmigración y Nacionalidad de 1965 y luego —más arduamente que ningún otro en el Senado, según algunos— por una reforma migratoria. Mi familia estaba aquí gracias a esa ley de 1965, sin embargo, yo también le había ocultado mi secreto a él. Cuando era reportero para el *Washington Post,* lo entrevisté en Albuquerque en febrero de 2008, pocos días después de que apoyara a Obama como candidato a presidente. Quería decirle que era indocumentado; quería pedirle ayuda. Pero me asusté.

No me iba a asustar hoy.

Me salí del guion que había preparado.

"Antes de responder sus preguntas, tengo algunas propias: ¿qué pretenden hacer conmigo?

"En nombre de todos los inmigrantes indocumentados que se hallan sentados en esta audiencia, y de toda la gente que nos mira online, y de los once millones de personas que somos: ¿qué pretenden hacer con nosotros?

"Y, para mí, como estudioso que soy de la historia americana, la pregunta más importante es esta: ¿cómo definen ustedes 'americano'?".

Cuando concluí, el único senador que me hizo una pregunta fue Sessions.

—Sr. Vargas, ¿estaría esencialmente de acuerdo con que una gran nación debe tener una política de inmigración y crear un sistema legal que aplique esa política y que se ocupe de hacerla cumplir?

—Sí, señor.

Eso fue todo. Frente a una persona real, con "un extranjero criminal" según sus palabras —el tipo de persona al que usualmente se refiere como si hablara de un hongo en un dedo del pie—, esa fue su única pregunta. Cruz ni siquiera estaba allí; no creo que haya escuchado mi testimonio. El silencio de los otros senadores republicanos que se oponían a cualquier tipo de reforma, que ellos calificaban tajantemente como una "amnistía", me recordó al silencio de la agente de inmigración de Nueva York con la que había hablado.

Aunque había declarado mi estatus varias veces —por teléfono, en programas de televisión, frente al Congreso—, todavía no existía para ICE. Como la mayoría de los inmigrantes indocumentados, jamás había sido arrestado; había tenido cuidado de que eso no ocurriera, lo que significaba que jamás había estado en contacto con ellos.

Después de todos esos años de mentir, de pasar por americano, después de toda la angustia, la incertidumbre, la confusión, la única respuesta que pude obtener del gobierno de los Estados Unidos, cortesía de la agente que me puso en espera, fue: "Sin comentario".

¿Cómo se construye uno una vida "sin comentario"?

2.

Hogar

Estaba atascado en el tráfico, en uno de esos embotellamientos que han vuelto legendaria a Los Ángeles, en los que un parachoques se pega a otro y nada se mueve. Tomé mi iPhone y comencé a revisar correos electrónicos. Casi piso el acelerador y me estrello contra el Toyota Prius que tenía delante de mí cuando leí el tema del siguiente correo: "¿Listo para comprar una casa?".

¿Era una broma?

¿Acaso estaba algún poder divino, espiritual, sometiéndome a una prueba?

Era marzo de 2017, y me había mudado a Los Ángeles. California se había sumado a otros once estados (más Washington, D.C.) que les permitían a sus residentes indocumentados obtener un permiso de conducir. Rentaba un enorme *loft* en el centro de la ciudad, el sitio más grande en que jamás había vivido. Como viajo tanto y toda mi vida se halla en una sola valija, siempre tuve apartamentos relativamente pequeños. ¿Qué sentido tiene poseer una casa cuando nunca estás en casa? Esta vez me convencí de que si me conseguía un lugar enorme decorado con muebles y toda clase de baratijas, como por ejemplo una estantería de madera y alambre con la forma de los Estados Unidos, y si lo llenaba con fotografías enmarcadas de mi familia y mis amigos (una fotografía única de Mamá, Papá y yo juntos, celebrando mi segundo cumpleaños; una de Lolo, Lola, Tío Conrad y yo en Zambales), y si colgaba pósteres de Toni Morrison, James Baldwin y Maya Angelou, mi sagrada trinidad de guía espiritual, quizás, sólo quizás, me sentiría en casa.

Abrí el correo electrónico, que resultó ser una promoción del Navegador de Préstamos Hipotecarios de Bank of America. He sido cliente de Bank of America desde 1999, cuando Pat me ayudó a abrir mi única cuenta de banco. Dado que mi vida depende de, y es limitada por, documentos expedidos por el gobierno, siento una suerte de conexión irónica con mi tarjeta de débito de Bank of America. Esa es la misma razón por la que a menudo utilizo mi tarjeta de crédito American Express y, cada vez que puedo, vuelo en American Airlines.

Estaba tan furioso y ofendido por ese mensaje de propaganda que aparqué a un costado de la autopista y llamé al número que aparecía en él.

Le dije a la mujer que contestó que preguntarme si estaba listo para comprar una casa era cruel e innecesario.

Le dije que no necesitaba un préstamo, porque si bien había trabajado duro y tenía suficiente para hacer el pago inicial, no podía comprarme un hogar porque ya no sabía si este era mi hogar.

Le dije que no sabía qué más tenía que hacer para probarle a esta gente que este sí era mi hogar.

Le dije que podía ser deportado en cualquier momento.

Su nombre era Paula. Me interrumpió.

—Sr. Vargas, ¿de qué está hablando?

—Soy indocumentado. No tengo los documentos necesarios para estar aquí.

—¿Qué quiere decir? Usted es un cliente de Bank of America. Un cliente desde hace mucho tiempo. —Hizo una pausa y, unos segundos después, preguntó—: ¿Es usted un ilegal?

Hay muchas cosas que este "ilegal" no puede hacer.

No puedo votar. ¿Qué documento usaría para votar? ¿Mi tarjeta American Express? Aunque he vivido en este país por veinticinco años; aunque pago toda clase de impuestos que estoy bien dispuesto a pagar y muy feliz de hacerlo, ya que soy el resultado de las escuelas y las bibliotecas públicas de este país, no tengo voz en el proceso democrático. Considérenlo una obligación impositiva que, sin embargo, no conlleva a la legalización.

No puedo salir de los Estados Unidos. Si salgo, no hay garantía de que me permitan volver a entrar.

No tengo acceso a Obamacare o a ningún tipo de seguro de salud financiado por el gobierno. De hecho, aunque fundé y superviso una organización sin fines de lucro que provee beneficios y seguro de salud a diecisiete empleados de tiempo completo, tengo que comprar mi propio seguro privado.

Pero a medida que me hago mayor, la sensación de aislamiento e ilegitimidad se profundiza más y más, tanto que no puedo mirarme a la cara. Aunque ya no me oculto del gobierno, sí me oculto de mí mismo, solo en un *loft* enorme.

3.
Intimidad distante

"Eres realmente bueno para la intimidad distante", me dijo una vez un amigo cercano (al menos yo creía que éramos cercanos).

He pasado toda mi vida adulta separado de Mamá por muros y fronteras, sin entender del todo que he estado levantando muros y trazando fronteras en todas mis relaciones. Con respecto a amigos y mentores, siento que los he arrastrado a mis líos; siempre he sido un problema de difícil solución.

Las relaciones romántica no son una posibilidad. Jamás he tenido un novio por mucho tiempo. En mi pasantía de verano en Filadelfia, salí con Carmen, un italiano con un acento denso como una malteada. Fue el primer hombre que me dijo que me amaba. En el momento en que lo dijo, puf, yo ya había desaparecido. Para mí, los novios y las relaciones a largo plazo requieren intimidad, no solo física sino también emocional. Y yo tengo problemas con ambos tipos de intimidad. No me gusta verme desnudo y mucho menos que alguien más me vea desnudo. Jamás me he mirado al espejo completamente desnudo. No soy mojigato. No le tengo miedo al sexo, sino a la emoción que acompaña todas las relaciones no ocasionales. Cuando alguien intenta acercárseme, me escondo o huyo. O las dos cosas.

Conocí a "Roberto" en una fiesta en D.C. en junio de 2012. Cenamos un par de veces, vimos una película y la relación se puso lo suficientemente seria como para que me invitara a su apartamento para San Valentín y me pidiera que me quedara a pasar la noche. Cuando llegué, estaba cocinando pollo para la cena. Me regaló dos cosas bien pensadas: un frasco de *gummy bears* con vitaminas (sabía que pasaba mucho tiempo volando y que me encantaban los *gummy bears*) y un libro de poemas de Pablo Neruda. Yo estaba tan metido en mi propio mundo que ni se me ocurrió llevarle algo. Después de un par de bocados, le dije que me tenía que ir. Tomé mi bolso, me dirigí a la puerta y le expliqué que esto era demasiado para mí.

El asunto me resultaba aterrador. Recién empezábamos a conocernos y yo ya me extraía de la situación. Aunque me hubiera quedado, sabía que tendría que marcharme, porque marcharme, para mí, es algo inevitable. No podía soportar el peso de esa idea y mucho menos imponérsela a alguien más. Nada era permanente, así que marcharse era mejor. *Nada es mejor*. Pensé que al salir del clóset como indocumentado, liberarme de las mentiras y la necesidad de fingir mejorarían las cosas. Estaba equivocado: intercambiar una vida privada en el limbo por una vida pública todavía en el limbo solo las empeoró. En años recientes me he vuelto cada vez más un recluso, como si una parte de mí se hubiera marchado ya, en vista de que, al fin y al cabo, podría tener que marcharme de verdad. He comenzado a separarme de la gente, incluso de mis amigos más cercanos.

Ninguno más cercano que Jake.

Conocí a Jake en 2007 en la sede central de Google, no lejos de donde crecí. Estaba cubriendo una reunión de Ron Paul con la gente de Google y Jake estaba allí sólo para ver qué tan popular era Paul entre los jóvenes ultraliberales (muy popular). Él trabajaba en *Idealist*, un sitio que ofrecía recursos para quienes buscaban trabajos y pasantías en el mundo de las organizaciones sin fines de lucro. Él mismo era un idealista, la clase de persona que anda por el mundo como si tuviera su propia luz. Para él, todo era bueno, positivo, ideal —insoportable, si no hubiera sido tan encantador. Yo había comenzado a cubrir el maridaje entre política y tecnología, y Jake conocía a todas las personas que importaban en ese espacio emergente. Aunque era demócrata, pasaba el tiempo entre muchos republicanos. Incluso se había casado con una periodista y comentarista conservadora, Mary Katharine Ham. Estaba conectado y también conectaba a los demás. Nuestra amistad se selló cuando me llamó una noche muy fría antes de las primarias de Iowa, y me aconsejó sobre cómo conducir en la nieve. "Jose, hermano, ¿realmente aprendiste a conducir?".

Tres años después de vernos por primera vez, le revelé mi secreto mientras tomábamos *lattes* en un Caribou Coffee cerca del centro de Washington. Le conté mi plan de crear una organización que reuniera las historias de los inmigrantes indocumentados. De una vez se enamoró de la idea, aunque, hasta que me conoció a mí, jamás había tratado a un indocumentado.

"Jose era el hermano filipino gay que jamás había tenido, y yo era el hermano americano blanco y del interior que él jamás había tenido. Ciertamente, una pareja increíblemente dispareja", escribió Jake, quien creció en Tennessee, en el *HuffPost*. El título: "Mi hermano 'ilegal' define qué es americano". La perspectiva de Jake —la centralidad de las historias, la necesidad de empatía, la importancia de los valores como una forma de conectar a unos con otros— quedó grabada en el ADN de la organización.

A pesar de que tenía un trabajo de tiempo completo en Washington —en ese momento estaba ayudando a administrar Change.org, la plataforma de peticiones más grande del mundo—, estaba igualmente comprometido con *Define American*. Pudimos reunir fondos y contratar personal de tiempo completo. Cuando buscábamos un director de campaña, recomendó a Ryan Eller, con quien había trabajado en Change.org. Ryan, quien creció en la región de los Apalaches, es un experto organizador digital y un excelente mánager para todo. Ordenado como ministro bautista, vive en Kentucky. Juntos hicimos crecer la organización, sumando a un grupo de personas de diferentes partes del país que lucía tan diverso como América. Cada vez que tenía dudas, Jake era la primera persona a la que llamaba. Había pasado mi vida entera siendo obediente: buen estudiante, periodista trabajador y ahora activista/vocero/lo que fuese que hacía. Me sentía fuera de lugar. Él siempre me decía que bastaba como era, pero jamás le creí.

Jake amaba la naturaleza. Toda vez que me pedía que fuéramos a escalar, a acampar, a pescar —o cualquier otra cosa al aire libre—, yo le decía que no. Una tarde, después de una reunión para recaudar fondos en mi apartamento, comenzó a hacerme preguntas personales sobre mi familia y mi vida romántica. Lo evadí, como de costumbre. "¿Sabes? Vas a tener que abrirte alguna vez", me dijo. "Sólo se puede rechazar a la gente una cierta cantidad de veces".

Y añadió: "No te preocupes. Jamás lograrás que me aleje".

Lo atropelló un carro mientras participaba de una vuelta en bicicleta a fin de recaudar dinero para la investigación sobre el cáncer. La última vez que lo vi en persona fue en la boda de nuestra querida amiga Christina Bellantoni. Una noche, meses después, me llamó aterrada. No podía entender lo que decía: "Jose, Jake ya no está. Jose, Jake murió". Estaba tan seguro de que estaba equivocada que le envié un mensaje de texto a Jake: "Ey, ¿estás ahí?".

Esa era la cosa: él siempre estaba ahí, aun cuando yo no quería, aun cuando trataba de alejarlo. La noche del día en que murió, el 19 de septiembre de 2015, me quedé despierto esperándolo, como a un fantasma. Quería disculparme por todas las veces que no estuve lo suficientemente presente como para prestarle toda mi atención, agradecerle, decirle que lo quería.

Tenía apenas treinta y cuatro años, era unos pocos días mayor que yo. Desde su fallecimiento, Ryan y Christina han intentado, a su modo, acercarse más a mí, llenar algo del espacio dejado por Jake.

Christina dio a luz un hermoso niño, Maxwell. Planeaba visitarlo para su primer cumpleaños y pasar tiempo con Christina y su marido, Patrick. Pero seguía cancelándolo y poniendo excusas. Después de un llamado telefónico especialmente tenso y brusco que siguió a otra cancelación, Christina me envió un mensaje por correo electrónico:

"Estos años no han sido fáciles para ti, Jose. Lo sé. Eres fuerte por otros, y proyectas fuerza todos lo días. Pero yo sé lo que has perdido, a lo que has renunciado y qué duro es vivir con esta incertidumbre.

Lo que puedo hacer es estar presente para ti. Presionarte para que me dejes entrar (o a alguien más) para ayudar. Jake querría eso, y sabes que no retrocedería, aun si te enojaras con él.

El único regalo que he querido de ti es tenerte en mi vida. Y vas a amar a este niño. Sólo da alegría pura y hace que todo parezca fácil.

Tu amiga siempre, CB".

No sé cuántas veces leí ese mensaje. Y cada vez me preguntaba: ¿cuándo dejaré de esconderme y huir de la gente? ¿De qué tengo miedo? ¿De mí?

4.
Irse

Pocos días antes de la toma de posesión del presidente Donald Trump, el administrador del complejo de apartamentos en que vivía —un tipo agradable llamado Mel, que me alentaba cada vez que me veía en MSNBC, Fox News o CNN—, me dijo que si los oficiales de inmigración se aparecían, no estaba seguro de poder esconderme en el edificion. Se sentía avergonzado de decirlo, pero la tensión había estado aumentando desde la elección. En un mensaje de texto, me escribió: "Puede que le resulte más seguro mudarse". Un abogado amigo mío —he coleccionado un puñado de abogados amigos desde que revelé mi estatus en 2011— me sugirió que me preparara para el peor escenario. Cuando le confié que el administrador había pedido que considerara mudarme por mi propia seguridad, otro abogado amigo replicó: "Bueno, el hombre tiene razón. No es buena idea que tengas un domicilio permanente".

A mi alrededor, todos estaban alarmados y preocupados, especialmente después de que Trump firmó sus decretos sobre inmigración, confundiendo aún más un sistema ya caótico y declarando que todo "ilegal" era una prioridad para la deportación.

Un abogado amigo me aconsejó no viajar en vuelos domésticos, especialmente en el sur y el medio oeste: "Dios no permita que te detengan en Ohio". Otro abogado amigo insistió en que dejara de volar incluso dentro de California, ya que corría la noticia de que los agentes de inmigración estaban chequeando el estatus de los pasajeros domésticos. "¿No puedes quedarte en un solo sitio?", me preguntó.

Luego, Mony Ruiz-Velasco, una amiga cercana y, sí, abogada, me dijo que no quería que dejara de volar y me hizo una sugerencia audaz: "¿Y si vuelas a Canadá?". Me envió por texto un artículo titulado: "Muchos más migrantes se escabullen a través de la frontera entre los Estados Unidos y Canadá".

"Imagina el mensaje que estarías enviando si, de todas las personas posibles, tú anuncias: 'Si no me quieren aquí, ¡me mudo a Canadá!' ".

Le di vueltas a la idea durante dos semanas.

Amo Canadá, o al menos la Canadá de mi imaginación, que está involucrada en todo lo relacionado con *Ana la de Tejas Verdes*. Le di vueltas a la idea lo suficiente como para mirar apartamentos en Toronto. Me sorprendió que la renta en la ciudad más grande de Canadá fuera mucho más asequible que las que había pagado en Washington, D.C., Nueva York, San Francisco y Los Ángeles. Me lo tomé lo suficientemente en serio como para decirle a Ryan y a Bích Ngọc Cao, los dos principales líderes de *Define American*, que debían prepararse para la posibilidad de que yo no estuviera físicamente en los Estados Unidos para ayudarlos a administrar la organización. (Fueran cuales fueren sus reservas personales o profesionales, jamás me las revelaron. En una conferencia que sostuvimos por teléfono sobre la posibilidad de que me mudara a Canadá, Ryan sugirió que pensáramos en contactar la oficina del primer ministro Justin Trudeau). Me lo tomé lo suficientemente en serio como para contárselo a Ate Gladys. Gladys es esa pariente a la que le confías todo: cualquier secreto, miedo, inseguridad. Ella ha sido testigo de cuán difíciles y confusos han sido los últimos años para mí, el costo de la implacable manipulación de toda clase de gente.

Y lo que exacerba esta situación es mi preocupación constante por mi familia filipina. Si Trump ordenaba mi deportación, yo no estaría a salvo en unas Filipinas gobernadas por el presidente Rodrigo Duterte, cuyo odio por los periodistas es tan notorio como el de Trump. Poco después de la elección, Ate Gladys revisaba los tuits dirigidos a mí y encontró una imagen perturbadora. Alguien se había tomado el tiempo para alterar la famosa fotografía del jefe de policía sudvietnamita matando a un sospechoso de pertenecer al Vietcong para transformarla en Trump apuntándome un arma a la cara mientras un Duterte sonriente contemplaba la escena.

La reacción de Ate Gladys a la idea de mudarme a Canadá me inquietó: más que nada, parecía aliviada.

"Quiero que te relajes, que tengas un hogar", me dijo. "Quiero que dejes de correr para todos lados".

Se acercaba mi cumpleaños número treinta y seis, otro año de estar atascado en América. Dado que muchos asumen que soy mexicano, me dije que debería al menos ver México, que está a menos de trescientas millas de mi apartamento en el centro de Los Ángeles. Por supuesto, no podía ir. Traté de no usar la palabra "atascado", pero una revisión cuidadosa de mi diccionario de sinónimos no me ofreció una alternativa adecuada. La palabra era "atascado"; y yo estaba atascado. La Canadá de *Ana la de Tejas Verdes* parecía una salida.

Tres días después de mi cumpleaños, en la mañana del lunes 6 de febrero de 2017, recibí un correo electrónico. Su título, en mayúsculas, era: "INVITACIÓN DE LA LÍDER NANCY PELOSI —SESIÓN CONJUNTA DEL CONGRESO".

> Querido Jose:
>
> ¡Buenos días! La líder Nancy Pelosi lo invita a la Sesión Conjunta del Congreso ante el Presidente el martes 28 de febrero de 2017 en el Capitolio de los Estados Unidos.

Había visto por primera vez a Nancy Pelosi cuando ella era la presidenta de la Cámara de Representantes y yo era un reportero político del *Washington Post*. Cuando era estudiante en *San Francisco State*, vivía en su distrito. La invitación no me había llegado a la ligera. Pelosi sabía lo que estaba pidiendo y lo que mi presencia en el Capitolio implicaría.

Les reenvié la invitación a unos amigos abogados, y todos me aconsejaron que no la aceptara. ("¿Para qué? ¿No estás pensando en Canadá?", preguntaron muchos). Alida García, otra abogada amiga que había trabajado en la campaña de Obama, estaba tan en contra que me envió un correo electrónico en la madrugada:

> Jose, no digo que no lo hagas, pero estas son tan sólo algunas cosas que vale la pena considerar:
>
> • Su objetivo es asustar a la gente para que se autodeporte, y parte de ese plan consiste en la deportación de alguien que le provoque escalofríos a todos como para alentarlos a irse. Si tú no puedes eludir a la policía, otros tampoco.

- Nancy Pelosi es, se podría decir, la figura más hostil al Partido Republicano en todo el Congreso y tú serías su invitado. No tratarán de colaborar con Nancy Pelosi si pasa algo malo.

- Estarás en una propiedad federal, un espacio concreto y publicitado, y aunque D.C. se está convirtiendo en santuario (para inmigrantes indocumentados), creo que, jurisdiccionalmente, podrían conseguir algún tipo de orden de detención y hacer que alguien te aprese en el Capitolio.

- Quizás puedas llegar a provocarlos de tal forma que no te hagan daño a ti, pero sí a otros porque no quieren que la comunidad se sienta orgullosa.

- Las redadas ya están ocurriendo por todas partes.

- El general Kelly [entonces secretario del Departamento de Seguridad Nacional] cree en hacer cumplir la ley. No creo que quiera lastimar a la gente innecesariamente o hacer grandes aspavientos, pero si la ley dice que debes ser deportado, mi instinto me dice que va a utilizar eso como una excusa para deportarte.

- Le estás jalando la cola al tigre. Reconozco que vives de ello, pero este es un tipo diferente de tigre.

- Le llevó 0,25 segundos al sitio de Breitbart ofrecerme 725 artículos al poner las palabras "Jose Antonio Vargas" en su buscador. Breitbart es quien maneja la política de inmigración de los Estados Unidos.

No tienes que ser un héroe. No le debes nada a nadie. Si en tu corazón sientes que esto es lo que TÚ tienes que hacer por TI, entonces vale la pena pensarlo. Pero solo porque surja una oportunidad para lanzar un desafío, no significa que eres el único de los once millones que tiene que hacerlo.

5.
Quedarse

La primera vez que entendí lo que Washington, D.C. representaba —la distancia física y simbólica entre la Casa Blanca y el Capitolio— fue mientras miraba *El presidente y Miss. Wade*. En la película, Michael Douglas, en el papel del ficticio presidente Andrew Shepard, pronuncia un discurso electrizante que guardé en mi memoria: "América no es fácil. América es una ciudadanía avanzada. Tienes que realmente desearla, porque va a resistirse".

La invitación formal de Pelosi, y la cuidadosa advertencia de Alida, pusieron de relieve mi situación. Fue algo muy esclarecedor: llegué a la conclusión de que rehusaba permitir que una presidencia me espantara de mi propio país. Rehusaba vivir una vida de temor definida por un gobierno que ni siquiera sabe por qué teme lo que teme. Dado que no soy ciudadano por ley o nacimiento, he tenido que crear y aferrarme a un tipo diferente de ciudadanía; no exactamente la que el presidente Shepard definió como "ciudadanía avanzada" —no tengo idea de qué quería decir con eso—, sino algo más cercano a lo que yo llamo ciudadanía de participación. Ciudadanía es hacerse presente. Ciudadanía es utilizar tu voz a la vez que te aseguras de que escuchas la de otros. Ciudadanía es cómo vives tu vida. Ciudadanía es tenacidad.

Acepté la invitación. Y en el espíritu de la "transparencia radical", escribí un ensayo para el *Post*, el mismo periódico que había suprimido mi ensayo seis años antes. Esta vez mi artículo fue publicado pocos minutos después de que ingresé en el Capitolio y me senté en la galería del sagrado recinto de la Cámara.

Explicaba por qué había ido:

Decidí presentarme esta noche porque eso es lo que los inmigrantes, documentados e indocumentados, hacemos: nos hacemos presentes. Pese a los obvios riesgos y al miedo palpable, estamos presentes en el trabajo, en la escuela, en la iglesia, en nuestras comunidades, en grandes ciudades y localidades rurales. Nos hacemos presentes y participamos. Esta sesión conjunta del Congreso es un momento americano por excelencia en una coyuntura crítica de nuestra historia. Me siento honrado de asistir y recordarles a nuestros líderes electos y a todos los espectadores, que la inmigración se trata, en esencia, de familias y amor —los sacrificios de nuestras familias y el amor que sentimos por un país que consideramos nuestro hogar aunque nos etiquete de "extranjeros". Nos hacemos presentes aunque no somos queridos, aun cuando la mayoría de los americanos no entiende... por qué venimos en primer lugar... Nos hacemos presentes aun cuando muchos americanos, especialmente americanos

blancos con su propio pasado inmigrante, no pueden
ver los hilos comunes entre nuestra presencia aquí
y la de ellos, que también vinieron en una época
en que no se requerían visas y no existía todavía la
guardia fronteriza.

Después de asistir a la sesión conjunta —y después de muchas conversaciones con abogados amigos—, me mudé de mi apartamento de Los Ángeles. Puse todo lo que poseía en un depósito y comencé a regalar muebles a parientes y amigos. Por primera vez desde que dejé la casa de Lolo y Lola, después de graduarme de la escuela secundaria, no tengo un apartamento propio, no tengo un domicilio permanente. Me quedo en hoteles, *Airbnbs* y cuartos de huéspedes de amigos cercanos.

He decidido seguir viajando, completamente consciente de las posibles consecuencias.

No sé cómo es ser deportado.

Pero sé lo que es ser arrestado y encarcelado.

6.

Detenido

De todas las formas en que imaginé lo inevitable, jamás imaginé que llegaría a estar sentado en el piso frío de cemento de una celda en el sur de Texas, rodeado de niños.

Era julio de 2014. La celda, según la recuerdo, no tenía más de veinte pies por treinta. A mi alrededor había unos veinticinco niños de entre cinco y doce años. El aire hedía a olores corporales. Un niño al otro lado de la celda lloraba desconsolado, con la cabeza hundida en el pecho. Intenté inútilmente hacer contacto visual con él. La mayoría lucía aturdida. Era claro que no tenían idea de dónde estaban o por qué.

La única cosa de qué maravillarse eran las cobijas Mylar, láminas metálicas muy delgadas que se suponía nos mantendrían abrigados, las mismas que fueron utilizadas por primera vez en el espacio exterior, que debe ser tan desolado como esa celda. Aparentemente los niños jamás habían visto esas cobijas antes y no sabían qué hacer con ellas. Tres de ellos estrujaron una hasta convertirla en una bola. Se la pasaban de uno a otro.

Una ventana daba a un área central donde se hallaba apostada una docena de agentes; no había vista alguna del mundo exterior. No podía hacer otra cosa que mirar los zapatos de los niños. Los míos eran brillantes y nuevos; los suyos, sucios, gastados y llenos de fango. Lo único que tenían en común era que ninguno tenía agujetas.

"Jose Antonio Vargas", dijo un agente mientras entraba.

Sorprendido, me levanté de un salto, inquieto de por qué me llamaban por mi nombre.

"No, no lo necesito. Todavía no", explicó el agente. "Pero vamos a trasladarlo".

Antes de oírme preguntar por qué, cerró la puerta mientras otra detenida, una joven que cargaba en la cintura a un bebé de grandes ojos, pasaba caminando sin escolta.

En el momento en que el agente dijo mi nombre, uno de los niños que jugaba con la manta comenzó a hablarme. No tenía ni idea de qué me decía. La única palabra que reconocí fue "miedo". Algo sobre "miedo".

Si hablara español, podría haberles dicho que no tuvieran miedo.

Si hablara español, podría haberles contado sobre Ellis Island. Sobre la primera persona de la fila el día en que se abrió la primera estación migratoria en América: una niña llamada Annie Moore que había viajado sin compañía en un vapor desde Irlanda, alguien exactamente como ellos, excepto que era blanca, incluso antes de saber que lo era.

Si hablara español, podría haberles dicho que nada de esto era su culpa. Podría haberles hecho entender —aun si la mayoría de los americanos no lo logra— que gente como nosotros viene a América porque América estuvo en nuestros países.

Podría haberles explicado, de la forma más clara posible, la conexión entre las irreparables acciones de los Estados Unidos de América y las inevitables reacciones en sus países de origen. Cómo los factores que nos empujaron a la migración son mucho más complicados que la necesidad de tomarse una fotografía al pie de la Estatua de la Libertad. Cómo la mayor parte de aquellos que migran a los Estados Unidos —voluntaria, forzada, o inconscientemente como ellos— lo hace por lo que los gobiernos americanos le han hecho a sus países. Cómo un acuerdo de comercio como el Tratado de Libre Comercio de América del Norte (NAFTA) dejó a millones de mexicanos sin trabajo y llevó a padres a cruzar fronteras y trepar muros para poder alimentar a sus hijos. Cómo seis décadas de políticas intervencionistas, tanto de republicanos como de demócratas, produjeron inestabilidad económica y política, y sembraron la violencia en El Salvador, Guatemala y Honduras. Si hablara español, podría haberles explicado, de la forma más clara posible, la conexión entre las Reebok y Nike sucias, gastadas y llenas de fango que calzaban en esa celda y la inherente necesidad americana de expandir su imperio económico y político. Podría haber trazado una línea entre lo que solía llamarse "imperialismo" —justificado por el "Destino Manifiesto", "la Carga del Hombre Blanco" y el deseo de América de "descubrir" nuevas "fronteras"— hasta lo que es ahora conocido como "internacionalismo" y "globalización".

Tropecé con "La carga del hombre blanco" de Rudyard Kipling al leer *La próxima vez el fuego* de James Baldwin, sin saber que los "silenciosos, descontentos pueblos" que Kipling describe como "mitad demonios y mitad niños" eran filipinos. No sabía que Kipling había escrito el poema para urgir a los americanos a hacer lo que los británicos, los españoles y todos los países europeos ya habían hecho: asumir la "carga" del imperio. El subtítulo del poema, de hecho, es "Los Estados Unidos y las Islas Filipinas".

No sé español. Lo único español que tengo es el nombre. Además de ser capaz de preguntar "¿Dónde está la biblioteca?", una de las pocas frases que sé es "No hablo español". Se la dije al niño: "No hablo español." Y agregué, rápido: "Soy filipino". Una declaración que pareció causarle más confusión.

No estoy seguro de que me haya oído decir, casi en un susurro, como una plegaria, *"Pepeton ang pangalan ko"*. Mi nombre es Pepeton.

En realidad es mi apodo, que combina los nombres Jose (Pepe) y Antonio (Ton). Pero es más que un apodo, más que un apelativo cariñoso. Es el nombre de mi pasado: el modo en que me llaman Mamá y todos los que me conocen en Filipinas. Es el nombre que no le digo a la gente, ciertamente no después de descubrir que estaba en América sin los documentos requeridos. Es el nombre que he eludido para poder construirme otra identidad, no la del "inmigrante ilegal" que ustedes ven y sobre el que escuchan en las noticias, sino la del periodista exitoso que informa las noticias y escribe sobre ellas. Es el nombre del que he escapado para escapar de aquello, y aquellos, de los que necesitaba escapar: mi pasado y Mamá, el gobierno estadounidense, yo mismo. Pero ya no tenía dónde más esconderme, hacia dónde huir, ningún papel que interpretar.

Todo lo que podía ver en esos niños era al joven Pepeton devolviéndome la mirada.

7.
La máquina

Para comprender cómo terminamos en esa celda, se debe primero desenmarañar un vasto aparato de control que es en parte fuerza policial, en parte caballería de frontera, en parte máquina de deportación, y completamente sin precedentes en la historia de la inmigración. En su mayor parte, ha sido silenciado, escondido a plena luz durante el último cuarto de siglo mientras los gritos de "¡Levanten el muro!" se hacían más y más fuertes. Ese aparato se desarrolló en los noventa, y sus brazos depredadores extendieron su alcance después de los ataques del 11 de septiembre de 2001.

Estos horripilantes ataques ejecutados por extranjeros que habían migrado legalmente al país con visas temporarias fueron un punto de inflexión. Mientras el país se armaba para luchar la "guerra contra el terrorismo", la inmigración quedó asociada al mismo. Ese fue el claro mensaje de la administración de Bush, que cerró el Servicio de Inmigración y Naturalización (INS) que había existido durante ochenta y cuatro años y lo reemplazó con el Departamento de Seguridad Nacional, cuya principal tarea consistía en proteger a los americanos de los terroristas. Y ese insidioso mensaje —la presentación de los inmigrantes como potenciales terroristas, como amenaza a nuestra seguridad nacional— se extendió por todos los medios noticiosos.

Por la misma época en que mi madre me envió de Filipinas a California para vivir con Lolo y Lola, a mitad de los noventa, el gobierno federal avanzaba en el control de la frontera. Mis primeros años en América fueron los años de la "mano dura contra el crimen", según la definición del presidente Clinton y de los legisladores que se adueñaron del Congreso como parte de la Revolución Republicana. La "mano dura contra el crimen" condujo a la mano dura contra los "criminales extranjeros", lo que terminó convirtiéndose en un asunto bipartidista.

En 1994, Pete Wilson, el gobernador republicano de California, promovió la votación de la exitosa Proposición 187, cuyo objetivo era impedir a los "extranjeros ilegales" utilizar servicios de salud que no fueran de emergencia, la educación pública y otros beneficios. Para no ser sobrepasado por la derecha, Clinton lanzó el mismo año la "Operación Portero" (Operation Gatekeeper), cuya misión era recuperar el control de "las fronteras", particularmente la que existe entre San Diego y Tijuana, por ese entonces el cruce terrestre más utilizado del mundo. Se construyeron más millas de rejas, se entrenó a cientos de nuevos agentes, se duplicó el presupuesto de la Patrulla Fronteriza, que respondía al INS. Aunque la administración de Clinton proclamó la victoria, su política fue considerada un fracaso. Su único éxito, si se puede llamar así, fue desviar los cruces ilegales de los suburbios de San Diego y El Paso hacia montañas y desiertos traicioneros.

Impulsado por congresistas republicanos, Clinton profundizó el daño al aprobar dos leyes que sentaron las bases para un aparato de control que no ha hecho más que crecer con cada presidente subsiguiente, fuera republicano o demócrata. Dos años después de firmar un "proyecto de ley contra el crimen" y apenas después de firmar una "reforma de beneficios sociales", en 1996 Clinton promulgó la Ley de Reforma de Inmigración Ilegal y de Responsabilidad Inmigratoria (*Illegal Immigration Reform and Immigrant Responsibility Act*) y la Ley de Antiterrorismo y Pena de Muerte Efectiva (*Antiterrorism and Effective Death Penalty Act*). Juntas, facilitaron la criminalización y deportación de todos los inmigrantes, documentados y no documentados, e hicieron más difícil el proceso de "legalizarse" para alguien como yo.

Antes de 1996, los inmigrantes, sin importar su estatus, podían ser deportados después de una condena estatal o federal por asesinato, violación u otro delito grave.

A partir de 1996, los inmigrantes, sin importar su estatus, pueden ser deportados por robo, falsificación o posesión de propiedad robada, entre otras ofensas relativamente menores.

Antes de 1996, los inmigrantes que habían estado viviendo en los Estados Unidos por al menos siete años, eran de "buen carácter moral" y carecían de condenas podían obtener un estatus legal si demostraban que la deportación les causaría, a ellos o a sus parientes también legalmente presentes en el país, "dificultades extremas".

A partir de 1996, un proceso llamado "remoción acelerada" les otorga poder a los agentes de inmigración para deportar inmigrantes sin necesidad de hacerlos comparecer previamente en una audiencia judicial, si dichos inmigrantes no pueden probar que han estado en el país al menos dos años. Aún más, la mayoría de los inmigrantes indocumentados no pueden "legalizarse" incluso si se casan con un ciudadano o una ciudadana estadounidense o califican para obtener una *green card* gracias a un pariente. He conocido a decenas de hombres indocumentados —son siempre hombres— casados con ciudadanas de los Estados Unidos, que no pueden regularizar su situación. Peor que todo, los indocumentados tienen prohibido el reingreso por al menos tres años si han vivido en el país sin la documentación apropiada al menos seis meses; y si han estado ilegalmente por más de doce meses, la prohibición dura diez años.

En conjunto, estas leyes no solo expandieron los criterios de quién podía ser detenido y deportado, sino también la cantidad de inmigrantes que ya no podían cambiar su estatus, sembrando el temor permanente al arresto y la expulsión. Es un círculo vicioso creado por el gobierno y financiado por nuestros impuestos, que nos ata con un nudo gordiano. Si elijo volver a Filipinas, enfrentaré un exilio de al menos diez años, dado que he vivido ilegalmente en los Estados Unidos durante veinticinco, y no hay garantías de que me permitan volver alguna vez al que considero mi hogar. Puesto en términos sencillos, para el gobierno mantener a la gente como "ilegal" es mucho más fácil que permitirles "legalizarse". Quizás no sea accidental que el ITIN, que permite a los trabajadores indocumentados pagar impuestos federales, haya sido creado en 1996.

A medida que pasaron los años, este aparato de control ha encerrado a más y más personas, gastando miles de millones de dólares en el proceso. Desde la era de Clinton, el encarcelamiento se ha vuelto forzoso para cierto tipo de inmigrantes, incluidos quienes buscan asilo y quienes tienen antecedentes criminales, sin importar cuán menores sean sus delitos. Los inmigrantes ocupan camas en prisiones y sitios de detención de todo el país, muchos de ellos privados y con fines de lucro. El número diario de inmigrantes detenidos se disparó desde que Clinton dejó su cargo. Durante la administración de Obama se estableció una cuota de treinta y cuatro mil camas diarias para inmigrantes. En esa época, ninguna otra agencia policial estaba sujeta a una cuota semejante.

Si no estamos deteniendo inmigrantes, los estamos deportando. De acuerdo con el Instituto de Políticas Migratorias (*Migration Policy Institute*), una entidad independiente, nuestro país pasó de deportar setenta mil inmigrantes en 1996 a expulsar cuatrocientos mil por año durante el primer período de la administración de Obama. Aunque activistas y grupos de defensa de los inmigrantes han calificado a Obama como "Deportador en Jefe", el número de deportaciones había comenzado a incrementarse durante la era de Bush, a causa de un programa llamado Operación Optimizar (*Operation Streamline*).

Según los términos de la Operación Optimizar, quienes han cruzado la frontera deben presentarse esposados y encadenados ante un juez, en pequeños grupos de no más de siete u ocho a la vez. Sus sentencias pueden ser de días, meses o años de prisión. Según está documentado en el libro *Indefensible: A Decade of Mass Incarceration of Migrants Prosecuted for Crossing the Border* (Indefendible: Una década de encarcelamiento masivo de migrantes acusados de cruzar la frontera), de Judith A. Greene, Bethany Carson y Andrea Black, casi un cuarto de las personas detenidas por la Agencia Federal de Prisiones en 2015 no eran ciudadanos y la mayoría de ellos fue acusadat de ingreso, o reingreso, ilegal. Encerrar gente por el "crimen" de una migración impropia está superpoblando las prisiones federales, lo cual agrava el ya existente problema de la encarcelación masiva.

El costo de aplicar nuestras leyes y proteger nuestras fronteras es casi astronómicamente absurdo. Un artículo publicado en *Politico* en 2014 indicó que el gobierno americano gasta más dinero cada año en el control de la frontera y la inmigración que en los presupuestos combinados del FBI, la Agencia de Alcohol, Tabaco, Armas de Fuego y Explosivos, la Administración para el Control de Drogas, el Servicio Secreto y el Cuerpo de Alguaciles de los Estados Unidos. El artículo observaba que más de 100 000 millones de nuestros impuestos se han gastado en el control de las fronteras y la inmigración desde el 11 de septiembre de 2001. Y estos números son previos a la era de Trump, después de que el presidente Obama gastara sumas récord, incluso mientras defendía una solución legislativa más amplia que ningún partido ha sido capaz de ofrecer.

Se estima que la Oficina de Aduanas y Protección Fronteriza (CBP), la agencia policial más grande del país, emplea unas sesenta mil personas y opera una flota de unos 250 aviones, helicópteros y drones que la convierten en la mayor fuerza aérea policial del mundo. La Patrulla Fronteriza, que es parte de la CBP, utiliza un "muro digital" que incluye ocho mil cámaras para monitorear nuestra frontera sur y los puertos de entrada, y emplea a 18 500 agentes en las casi dos mil millas del límite fronterizo con México. De California a Texas, unas setecientas millas de cercado que incluye alambre de púas, cadenas, postes y barrotes, tablestacas de metal y barreras de concreto han sido construidas a un costo de entre $2,8 y $3,9 millones por milla.

¿Y todo eso para qué?

¿Para proteger a los americanos de quién?

8.
Amenaza a la seguridad nacional

Lo que ocurrió en el verano de 2014 es el epítome de la bancarrota moral que caracteriza el modo en que hemos hablado de la inmigración en América durante las primeras dos décadas del siglo XXI. Los titulares de medios de comunicación, incluso respetables, como CBS News decían: "¿Constituye una amenaza a la seguridad nacional la ola de niños inmigrantes ilegales?".

Un par de días después de leer ese título, recibí un mensaje de texto de Cristina Jiménez, de *United We Dream*, una organización nacional que lucha por los derechos de los inmigrantes liderada por jóvenes, preguntándome si *Define American* estaría interesada en sumarse a una delegación que viajaría a McAllen, Texas, en el Valle del Río Grande. Uno de los más largos de América del Norte, el Río Grande marca la frontera oficial entre México y los Estados Unidos. Tras su victoria en la guerra mexicano-americana de 1848, el Tratado de Guadalupe Hidalgo le concedió a los Estados Unidos el Río Grande para que sirviera de límite con Texas, por no mencionar la propiedad de California y de un vasto territorio que incluía la mayoría de Utah, Nevada y Arizona, y partes de Wyoming y Colorado, todo por el precio de quince millones de dólares. Cuando uno se encuentra con mexicanos que dicen que la frontera los cruzó a ellos, es a eso a lo que se refieren.

El objetivo del viaje, me dijo Cristina, era organizar una vigilia de bienvenida para refugiados que llegaban de América Central, la mayoría de ellos niños que huían de la muerte. Muchos hacían solos una travesía de cientos de millas en trenes, buses y a pie sólo para cruzar el Río Grande. Irremediablemente, el lugar se convirtió en un epicentro del teatro político, y atrajo al agitador conservador Sean Hannity, quien grabó su programa para Fox News a orillas del río. Los republicanos —incluido Rick Perry, el gobernador de Texas— le echaban la culpa de "la crisis de la frontera" a DACA, el programa que les otorgaba estatus legal temporario a inmigrantes indocumentados traídos a los Estados Unidos cuando niños. Pero como señalaron tanto la administración de Obama como los congresistas demócratas, los menores no acompañados no están incluidos en DACA. Para lo que sí califican, de acuerdo con expertos en derechos humanos, era para recibir estatus de refugiados —algo que el presidente Obama se cuidó de no darles. La política de inmigración es tan venenosa que incluso los niños desvalidos no son vistos como tales. Cuando se le pidió un pronunciamiento a Hillary Clinton, veterana defensora de los derechos infantiles, dijo que las decenas de miles de niños y adolescentes debían ser enviados de regreso a sus países. "Tenemos que enviar un mensaje claro: sólo porque tu hijo logre cruzar la frontera eso no significa que va a conseguir quedarse", declaró en un debate con público organizado por CNN.

Sea que se los llame migrantes, inmigrantes o refugiados, su travesía incluye una ardua caminata por un abrasador terreno desértico. A menudo carecen de agua, comida y refugio. Muchos llegan deshidratados y hambrientos. Algunos necesitan atención médica. Una vez que cruzan el Río Grande, no intentan ocultarse de los agentes de la Patrulla Fronteriza. Caminan hasta ellos y se entregan.

No estaba seguro de que debía volar a Texas. No era un refugiado. Me preguntaba si presentarme allí no distraería la atención del sufrimiento de los niños. Pero cuanto más leía sobre lo que ocurría en McAllen, más quería ir. Mi querida amiga Paola Mendoza, una cineasta nacida en Colombia que ha hecho de la inmigración el centro de su obra, sugirió que filmáramos la vigilia. Mi plan era volar hasta allí, participar en la vigilia, ayudar a Paola con la filmación y volar de regreso. Nunca había estado en el sur de Texas. Mi única experiencia de estar cerca de la frontera había sido en el sur de California, donde viven algunos de mis parientes. La frontera de Texas era algo enteramente diferente, un territorio ocupado militarmente en el que pululaban los agentes de la Patrulla Fronteriza, funcionarios del Departamento de Seguridad Pública y oficiales de inmigración. A lo largo de las tres millas en carro desde el Aeropuerto Internacional de McAllen Miller, donde me fueron a recoger, hasta mi hotel, conté siete carros de la Patrulla Fronteriza dando vueltas. Cerca, sobrevolaba un helicóptero del Departamento de Seguridad Pública. En el Starbucks, no lejos del hotel, muchos de los clientes eran agentes de uniforme y funcionarios que se estaban tomando un descanso.

Cuando mi amiga Mony, una abogada de inmigración

que solía trabajar en la zona, vio en mi página de Facebook que estaba en McAllen, me envió un mensaje de texto: "Estoy muy contenta de que estés visitando a los niños cerca de la frontera. Pero, ¿cómo vas a pasar el puesto de control al regresar?". Una pregunta interesante, pensé. Una que no había tenido en cuenta. Había visitado la frontera antes, en California. ¿Qué puesto de control? ¿De qué estaba hablando?

Tania Chavez, la indocumentada dirigente juvenil del *Minority Affairs Council* (Consejo de Asuntos de Menores) —uno de los grupos organizadores de la vigilia—, me hizo la misma pregunta: "¿Cómo vas a salir de aquí?". Tania se había criado en ese lugar. A medida que transcurría el día y la realidad se hacía evidente, Tania me lo hizo saber claramente: puede que no pases por la seguridad del aeropuerto, donde la Oficina de Aduanas y Protección Fronteriza chequea tu identificación, y definitivamente no vas a poder pasar los controles de inmigración apostados a cuarenta y cinco millas de McAllen: en ellos, te van a pedir documentos. "Aun si les dices que eres ciudadano estadounidense, te harán más preguntas si no te creen", me advirtió.

Cuando se lo dije a Cristina, abrió grandes los ojos: "¡Ay, Dios mío, Jose! ¡Olvidé que no tienes DACA!".

En esa parte de Texas, "la seguridad de la frontera" es una inescapable realidad cotidiana, un recordatorio físico y existencial de adónde no puedes ir, cuáles son tus limitaciones. "La seguridad de la frontera" implica atravesar puestos de control al azar en cualquier sitio a cien millas del límite con México, una zona donde no rige la Constitución y en la cual los agentes pueden detener tu carro, inspeccionar tus pertenencias y pedirte tus documentos sin importar tu estatus migratorio (la Cuarta Enmienda no permite que los ciudadanos sean sujetos a búsquedas o incautaciones al azar, pero, en nombre de la "seguridad nacional", la Cuarta Enmienda no se aplica a cien millas de la frontera). Para los residentes del Valle del Río Grande que son indocumentados o que son ciudadanos americanos pero viven con padres o hermanos que son indocumentados, "la seguridad de la frontera" implica saber que no pueden conducir más de media hora hacia el sur, ni más de una hora y media al este, ni más de dos horas al norte.

Inmediatamente, Cristina se puso a planear cómo podía yo dejar McAllen callada y discretamente. Seguía disculpándose por no haber recordado que no tenía DACA. "Tenemos que sacarte de aquí", me dijo por texto. "Podemos llevarte en carro a SA" (San Antonio). Alguien sugirió esconderme en la cajuela para que pudiera pasar el puesto de control.

En el momento en que lo dijo —¿esconderme? ¿en la cajuela?—, supe que tenía que quedarme. Paola estaba de acuerdo. "Esto ocurrió por algo, Jose", dijo. "Estás atascado aquí por algo". Llamé a Ryan y le dije lo que ocurría. Le envié un texto a Alida: "Estoy en McAllen, varado". En pocas horas, Ryan y Alida decidieron volar a McAllen para estar conmigo sin importar lo que ocurriera. Decidí proseguir con lo que estaba haciendo, porque yo ya no escondo quién soy. Para poner en práctica la "transparencia radical", escribí un ensayo que fue publicado por *Politico* al día siguiente:

"Escribo esto desde la ciudad de McAllen… En las últimas 24 horas me he dado cuenta de que, para un inmigrante indocumentado como yo, salir de una localidad fronteriza de Texas —en avión o por tierra— no será fácil. De hecho, podría resultar imposible".

Título: "Atrapado en la frontera".

Alguna gente pensó que el asunto era un truco publicitario, incluso activistas del movimiento de derechos por los inmigrantes. "Está tratando de llamar la atención, quitándosela a los niños", posteó un *Dreamer* que conocía en Facebook; y como éramos amigos, lo vi. Sentí un vacío en el estómago. Había sido un accidente; no sabía que me quedaría atascado. Tuve que llamar a Lola y asegurarle que todo estaría bien. Les escribí un mensaje a mis seres queridos para explicarles lo que estaba pasando y lo que podría pasar. Después de consultar con abogados de inmigración, decidimos que dejaría McAllen del mismo modo en que había llegado: por avión. Un amigo millonario se ofreció a conseguirme un avión privado; pensé que era una broma hasta que me aseguró que no. Decliné la oferta y le dije que quería irme como había venido. Alida se ofreció a acompañarme al aeropuerto; viajaríamos en el mismo vuelo. Con la ayuda de Lara Drasin y María Cruz Lee, colegas de *Define American*, Ryan estaba preparado para todos los escenarios posibles.

Había volado a McAllen desde el Aeropuerto Internacional John F. Kennedy de Nueva York, donde había utilizado mi pasaporte filipino —mi única identificación en ese tiempo— para pasar el control de seguridad. Como todos los otros aeropuertos del país de los que había partido o a los que había llegado, no había allí agentes de la Patrulla Fronteriza revisando los documentos de los viajeros domésticos. El aeropuerto de McAllen era diferente: allí, un agente de la Patrulla Fronteriza estaría de pie junto al agente de TSA. Así que, mientras Alida y yo esperábamos en la fila, puse mi pasaporte filipino adentro de mi edición de bolsillo de la Declaración de

Independencia y la Constitución de los Estados Unidos, como si me proveyeran alguna clase de protección. El corazón me latía en el pecho a medida que me acercaba mientras hacía en mi mente la lista de todas las cosas posibles que podrían pasar.

Un agente de TSA revisó mi pasaporte y lo comparó con mi billete aéreo. Luego, un agente de la Patrulla Fronteriza lo tomó de manos de su colega y lo hojeó.

"¿Tiene su visa?", preguntó.

"No, no hay visa", repliqué sencillamente, como si estuviera escribiendo un artículo y respondiendo la pregunta de otra persona.

Cuando inquirió: "¿Está aquí ilegalmente?", recordé que me hablaba a mí.

Sin vacilar, respondí con un corto "sí".

Y, con voz clara, llena de desafío, añadí: "Lo estoy".

9.
Solo

Los agentes en el interior de los 68 000 pies cuadrados de la estación de la Patrulla Fronteriza de McAllen, en el West Military Highway, no sabían qué hacer conmigo.

Me trasladaban de una celda a otra. Un agente me sacó de una con niños y me puso en otra más pequeña para mí solo. Luego me regresaron con los niños, y después de nuevo a la solitaria. Me di cuenta de que estaba separado de los otros hombres, que habían sido encerrados en diferentes celdas. Pasé delante de una en la que solo había mujeres —embarazadas, acunando bebés, hablando una con otra.

Pasaron dos horas antes de que un agente abriera la puerta y asomara la cabeza. "¿Eres famoso, o algo?". Cerró la puerta y la volvió a abrir segundos después. Sostenía el teléfono para mostrarme un artículo de CNN. "Hermano, estás en todas las noticias".

Después de ser esposado en el aeropuerto, me habían trasladado en una furgoneta blanca. El viaje a la estación sólo había durado quince minutos, o menos. A mi llegada, dos agentes tomaron todo lo que tenía: mi teléfono, mi billetera, mi mochila, mi equipaje. Me pidieron que me quitara el cinturón y las agujetas de los zapatos. Cuando les pregunté por qué, uno de ellos me dijo: "No queremos que se lastime".

Quería echarme a reír a carcajadas. Siempre he empleado la risa para esconder el dolor: aquí, para distanciarme, separarme del absurdo de esta experiencia terrible. ¿Se trata realmente de quién tiene los documentos correctos y de cuáles son las leyes? ¿O de poder controlar a alguien? ¿Es realmente cuestión de quién es ciudadano y quién no? ¿La ciudadanía que muchos americanos tan indiferentemente dan por segura? ¿Ignoran tan livianamente estos agentes que ellos y su gobierno me han herido mucho más a mí de lo que yo podría herirme jamás?

Pero no dije nada.

No había baño en la celda; había que llamar a un agente para ir. Increíblemente, no lo hice en las horas en que estuve encerrado; me las arreglé para aguantarme. Debería haber utilizado el baño como excusa para inspeccionar el resto de la estación. Eso es lo que un reportero curioso y emprendedor hubiera hecho. Pero por primera vez en mi vida adulta no era un reportero, la única cosa que había sabido ser —en tanto estuviera reportando sobre otras personas y lo que les ocurría a ellas. Ahora era algo totalmente diferente, algo que no reconocía del todo.

El silencio es intimidante al estar solo en una celda. No hay nada, excepto uno con sus propios pensamientos, que se vuelven tan tangibles que rebotan en las paredes blancas y los pisos fríos, antes de convertirse en una borrasca emocional. No hay adónde huir. Ningún papel que representar. Aunque estaba totalmente vestido, me sentí desnudo como jamás en toda mi vida.

No tenía adónde escapar y ninguna necesidad de apurarme. Mi vida marcada por plazos de entrega se había detenido, los hechos estaban claramente delante de mí. El padre que jamás tuve, o que me abandonó; la madre que dejé, o que me dejó; el país que dejé, que fue mi hogar, del que no sé mucho, y el país en el que estoy, que es mi hogar, salvo que no lo es. Es peligroso allá afuera; un hogar debería ser el lugar donde uno se siente a salvo y en paz.

El hogar no debería ser algo que hay que ganarse.

La humanidad no debería ser una casilla a marcar.

Se me ocurrió que en todo este tiempo sí había estado en una larga e íntima relación: una relación tóxica, abusiva y codependiente con América, de la que no había salida. La razón misma por la que estaba encerrado en esa celda era porque era quien era, aquel en quién me convertí. ¿Quién era sin América? ¿Quién podía ser sin América?

Solo en la celda, concluí que nada de esto era un accidente. Nada. ¿Han visto cómo los políticos y los medios que los cubren gustan de decir que tenemos un "sistema de inmigración quebrado"? En esa celda llegué a la conclusión de que no tenemos un sistema de inmigración quebrado. No. Lo que hacemos —agitar una bandera que dice "¡Fuera!" en la frontera con México mientras levantamos otra que anuncia "Se busca empleado" unas pocas yardas más allá— es deliberado. Gastar miles de millones en levantar cercas y muros, en encerrar gente como ganado, en deportar a aquellos que no queremos, destrozando sus familias, quebrando su espíritu, todo ello sirve a un propósito. Las personas son forzadas a mentir, a pasar años, sino décadas, en una suerte de purgatorio. Y paso a paso, el sistema de inmigración es montado para hacer exactamente lo que hace.

Querida América, ¿es esto realmente lo que quieres? ¿Sabes, siquiera, qué ocurre en tu nombre?

No sé qué más pretendes de nosotros.

No sé qué más precisas que hagamos.

10.
Entrevista

—Entonces, ¿cuándo llegaste a los Estados Unidos?

Después de seis horas, fui sacado de la celda y escoltado a una oficina, donde un agente me hizo preguntas mientras llenaba un formulario. Su nombre era Mario y lucía muy joven y bien afeitado, como si se hubiera graduado de la escuela secundaria apenas unos años antes. Era de ascendencia mexicana, como los otros agentes de la estación.

—El 3 de agosto de 1993.

—¿Cruzaste la frontera?

—No. Mi frontera era el Océano Pacífico.

—¿Eh?

—Soy de Filipinas.

Se rio.

—Ey, conozco a alguien de Filipinas. Ustedes tienen nombres mexicanos.

Mientras hablaba de "Pac-Man" —Manny Pacquiao, el famoso boxeador filipino—, vi que colocaba una tilde en la "é" de "José". Lo detuve. Le dije que los filipinos, por razones que desconocía, no ponemos tildes en nuestros nombres españoles.

—Supongo que es nuestra forma de rebelarnos contra el colonialismo español. O algo así.

Podía no controlar lo que ocurría, pero iba a controlar la puntuación de mi nombre. Era un mecanismo de defensa y también una forma de distraerme del hecho de que estaba perdiendo el control. Usualmente soy yo quien hace las preguntas, no quien las responde.

Más tarde descubrí por qué mi nombre no lleva tilde. Después de que los americanos echaron a los españoles de Filipinas, sus máquinas de escribir no podían tipear vocales acentuadas. Mi nombre es Jose por el colonialismo español. Pero Jose no es *José* por el imperialismo americano. Ni mi nombre es realmente mío.

El agente rompió el silencio para preguntar: —¿Con quién viniste? ¿Con tu mamá?

—No. Mi mamá me puso en un avión.

—¿Solo?

—No. Estaba con un hombre que mi mamá me dijo que era un tío.

—Así que viniste con tu tío.

—En verdad, descubrí luego que no era mi tío. Era un extraño al que mi abuelo, el padre de mi madre, le había pagado para que me trajera. Mi madre me envió a vivir con sus padres...

Me interrumpió.

—Viniste con un coyote —dijo—. Muchos niños aquí vinieron con coyotes.

Asentí.

Más silencio.

Lo rompió de nuevo para preguntar: —¿Qué haces?

—Soy periodista.

—Sí. Lo sé. Lo busqué —dijo—. ¿Por qué periodista?

—No sé. —En ese punto estaba molesto y confundido. Ya sabía que era periodista, pero me lo preguntaba para demorar la conversación, como si necesitara ganar tiempo. Miraba todo el tiempo hacia la ventana, esperando que apareciera alguien importante.

—¿Siempre quisiste ser periodista?

—No. Quería hacer películas. —Si hubiera parecido remotamente interesado, le hubiera dicho que quería hacer películas porque era una forma de mostrarle al mundo lo que ves, como el París de François Truffaut y la Roma de Federico Fellini. Las películas son una forma de ver más allá de ti mismo, a otras personas y otros lugares. Películas y posibilidades, reales e imaginarias. En cambio, proseguí—: Cuando descubrí que era indocumentado, que no tenía los documentos apropiados para estar aquí, quise ver mi nombre en el periódico.

Si realmente hubiera querido saber, le habría dicho que ver mi nombre en el periódico —"por Jose Antonio Vargas"— fue la única forma que se me ocurrió de existir y contribuir algo concreto a la vez. Este es mi artículo; yo lo investigué y lo escribí. Es real. Yo soy real.

Esta vez, rompí el silencio yo.

—¿Por qué te convertiste en agente de la Patrulla Fronteriza?

—Los beneficios son muy buenos, *man*.

Segundos más tarde, entró otro guardia, el mismo que había tomado mis agujetas y me había preguntado si era famoso. Durante toda la tarde, los guardias con los que me había cruzado me habían mirado con atención, como si fuera un experimento de laboratorio que tenían que resolver. Si lo lograron, no me lo dijeron. ¿Quién era yo? ¿En quién me había convertido? ¿Adónde iba? Lo que sí dijeron fue que en una hora, más o menos, sería liberado, pero que estaban tratando de averiguar cómo. Pregunté una y otra vez por qué me liberaban.

No me respondieron.

—Hay muchos periodistas allí afuera —dijo otro guardia—. Están esperándote.

Le pregunté si alguno de ellos hablaba español. Ambos.

—¿Qué es "miedo"?

—"*Fear*" —dijo uno de los agentes—. Significa estar asustado.

11.
Ciclo de pérdida

Sentado en el piso, mirando a los niños en la celda, me quedé pensando en sus padres, en el miedo que deben haber sentido sabiendo que tenían que hacer lo que tenían que hacer. También me quedé pensando en mi madre, preguntándome, como tantas veces a lo largo de los años, qué se había dicho a sí misma cuando se despidió de mí en ese aeropuerto veinticinco años atrás.

Mamá y yo rara vez hablamos sobre lo ocurrido en el aeropuerto. A veces le preguntaba algún detalle. ¿Qué tenía puesto yo? ¿Qué tenía puesto ella? ¿Cuáles fueron sus últimas palabras? Pero jamás hablamos sobre cómo nos sentimos, lo que perdimos, lo que eso significa. Esa es la verdad, por difícil que resulte de creer. Quizás es porque es demasiado duro para mí preguntar y demasiado doloroso para ella recordarlo. Quizás es porque los dos sabemos que no cambiaría nada. Quizás es porque la verdad es demasiado pesada de sobrellevar.

La verdad es que no soy el único que perdió una madre. Mamá también perdió una madre. Lola dejó Filipinas y se mudó a América en 1984, tres años después de mi nacimiento. Había visto a su única hija, mi mamá, no más de seis veces en treinta y cuatro años: visitas rápidas de dos o tres semanas cada varios años. Mamá espera en la fila para venir legalmente a América. A medida que pasan las décadas, la relación entre ambas, como mi relación con Mamá, se vuelve mayormente transaccional, medida por los productos americanos que enviamos a Filipinas y los dólares que le proveemos y sin los cuales no podría vivir. Creemos que podemos enterrar todo lo que perdimos bajo las cosas que podemos comprar, cuando la verdad es que el sentimiento de pérdida que mi madre no puede expresarle a su madre es con lo que yo lucho por expresarle ahora.

La verdad es que, si Mamá hubiera sabido lo que sabe ahora —que llamarla por teléfono es difícil, porque no puedo realmente fingir que conozco la voz al otro lado de la línea—, que verla en Skype o FaceTime se siente como una suerte de broma malvada, desnudando la realidad de que la tecnología que nos conecta tan fácilmente ha vuelto aún más visibles las fronteras que nos dividen, no estoy seguro de que se hubiera despedido de mí en el aeropuerto. En una de nuestras escasas llamadas telefónicas, me dijo: "Cuando te miro ahora y veo la persona en que te has convertido, cómo puedo tener remordimientos". Estoy seguro de que pretendía ser una afirmación, pero sonaba como una pregunta.

La verdad es que hay una parte de mí, no sé qué tan grande, que todavía se halla en ese avión, preguntándose por qué Mamá me puso allí.

12.
Verdad

Hablando de la verdad, durante años no he querido averiguar exactamente cómo salí de mi celda el 15 de julio de 2014. Para alguien que se ha ganado la vida haciendo preguntas, el hecho es que no quería enfrentar la respuesta.

No quería saber que mientras la mayoría de los inmigrantes indocumentados son arrestados, encarcelados y deportados sin el debido proceso, yo pude salir después de ocho horas de detención.

No quería saber que amigos con conexiones en la embajada filipina en los Estados Unidos llamaron al cónsul general e hicieron que este llamara a su vez al Departamento de Seguridad Nacional para señalar que yo era filipino. En ese momento, los centros de detención de Texas estaban tan atestados que los agentes hacían lo que llamaban "*drag and drop*", y te arrojaban al otro lado de la frontera, en México.

No quería saber que la razón por la que los agentes me trasladaban de una a otra celda era porque estaba programado que periodistas y fotógrafos recorrieran la estación ese día —el mismo día en que yo estaba encerrado— y no querían que me vieran encerrado con los niños.

No quería saber que en el momento en que fui arrestado en el aeropuerto, mis amigos llamaron a sus contactos en el Departamento de Seguridad Nacional y en la Casa Blanca. Personas en posiciones de poder respondieron los llamados y ofrecieron ayuda. Aunque no quería saber, sabía que sí tenía que saberlo, aun tardíamente.

En el proceso de terminar este libro, de desarmar mi vida para poder volver a armarla, llamé a Mamá. Hablamos más de lo que jamás habíamos hablado, diciéndonos las cosas que habíamos evitado en los veinticinco años que hemos pasado separados. Mamá cumplirá sesenta y uno este año. A los treinta y siete, soy un año mayor que lo que era ella cuando me dejó en el aeropuerto esa mañana de carreras. Le dije que a partir de esa mañana siempre he estado apurado; que este libro es la primera cosa que hago en la que me he concedido tiempo y espacio para sentir, y que me he sentido perdido y solo.

Cuando me preguntó dónde estaba, le dije que en un hotel. Que no tenía casa por el momento: ningún espacio físico propio, ningún domicilio permanente.

"Quizás", dijo Mamá, la voz débil por un momento, "quizás es hora de que vengas a casa".

Agradecimientos

No hay nada mejor que la gratitud: mi profundo agradecimiento a las personas que hicieron posible este libro, especialmente a aquellas que le dieron vida al proceso.

Gracias, Jennifer Rudolph Walsh y Jay Mandel, mis agentes de WME, que me impulsaron a iniciar el proceso de escribir, que implicó hacerme preguntas difíciles. Gracias a mi editora Julia Cheiffetz, quien durante años creyó que podía escribir este libro, aun cuando yo no lo creía. Gracias al increíble e infatigable equipo de Dey Street Books, incluidos Lynn Grady, Benjamin Steinberg, Heidi Richter, Kelly Rudolph, Kendra Newton y Sean Newcott, los cuales me guiaron a través de este proceso.

La edición viene en todos los formatos, pero para este libro los editores más útiles fueron unos pocos amigos de confianza y confidentes que insistieron en que escuchara el sonido de mi propia voz. Gracias, Nathalie Wade, Christina Bellantoni, Paola Mendoza, María Gabriela Pacheco, Diana Espitia, Arvind Murthy, Mony Ruiz-Velasco, David Buchalter, Lara Drasin, Alejandra Campoverdi, Luisa Heredia y Marcia Davis.

Un agradecimiento especial para Barbara Feinman Todd,

a quien conocí casi una década atrás, cuando yo ayudaba a enseñar una clase de periodismo multimedia en Georgetown University. Después de leer su libro *Pretend I'm Not Here* (Haz de cuenta que no estoy aquí), supe que sería la interlocutora (y terapeuta) ideal mientras me hundía más y más profundamente en mi propia psique.

Escribí este libro en *Airbnbs*, hoteles y en los cuartos de huéspedes de Elise Haas y Cristela Alonzo. Y lo terminé mientras dormía y trabajaba en la sala de Nicole Ponseca. Gracias, Bob Haas, por decirme que estaba bien que me tomara tiempo libre para escribirlo.

Soy el producto de tres familias: la familia en que nací, la familia de amigos y mentores que encontré en América y la familia que compone *Define American*. Muchos miembros de estas familias reciben su reconocimiento a lo largo del libro. Pueden conocer a mi familia de *Define American*, incluyendo a nuestro consejo directivo y nuestro consejo asesor, en *defineamerican.com/team*. Mi agradecimiento eterno a quienes primero apoyaron y abogaron por *Define American*, particularmente a Barbara Picower de la *JPB Foundation*, Taryn Higashi de *Unbound Philanthropy*, Cathy Cha del *Evelyn and Walter Haas Jr. Fund* y Liz Simons de la *Heising-Simons Foundation*. Gracias, Ryan Eller, por tu liderazgo y la gracia con que lo ejerces. Gracias, Jonathan Yu, por soportarme todo el tiempo.

Gracias a Lola, mi amada abuela, por tu amor.

Acerca del autor

Jose Antonio Vargas, periodista y cineasta, es el fundador y CEO de la organización sin fines de lucro *Define American*. Su trabajo ha aparecido internacionalmente en *Time*, así como en el *San Francisco Chronicle*, *The New Yorker* y el *Washington Post*, donde ganó un Premio Pulitzer como parte de un equipo de periodistas. En 2014, recibió el *Freedom to Write Award* del PEN Center USA. Dirigió el documental *Documented* y el especial de MTV *White People*, que fue nominado para un premio Emmy. En 2019, una escuela primaria con su nombre abrirá sus puertas en Mountain View, California, donde creció.